洞头县政协文史丛书

海霞文化口述史

徐　彬　陈海鸥等　编著

浙江工商大学出版社
ZHEJIANG GONGSHANG UNIVERSITY PRESS

图书在版编目(CIP)数据

海霞文化口述史 / 徐彬等编著. —杭州：浙江工商大学出版社，2015.6

ISBN 978-7-5178-1118-3

Ⅰ. ①海… Ⅱ. ①徐… Ⅲ. ①文化史—洞头县 Ⅳ. ①K295.54

中国版本图书馆 CIP 数据核字(2015)第 121886 号

海霞文化口述史

徐　彬　陈海鸥等 编著

策划编辑 任晓燕
责任编辑 余宇炜　蒋红群
封面设计 包建辉
责任校对 穆静雯
责任印制 包建辉
出版发行 浙江工商大学出版社
(杭州市教工路 198 号　邮政编码 310012)
(E-mail:zjgsupress@163.com)
(网址:http://www.zjgsupress.com)
电话:0571-88904980,88831806(传真)
排　　版 杭州朝曦图文设计有限公司
印　　刷 杭州五象印务有限公司
开　　本 710mm×1000mm　1/16
印　　张 8.75
字　　数 152 千
版 印 次 2015 年 6 月第 1 版　2015 年 6 月第 1 次印刷
书　　号 ISBN 978-7-5178-1118-3
定　　价 35.00 元

浙江工商大学出版社营销部邮购电话　0571-88904970

前　言

弘扬海霞时代精神　助推洞头新常态发展

——写在洞头先锋女子民兵连建连55周年之际

城市精神，在深层次上影响人们的世界观和价值观，作为一种无形的内在要素资源，是一座城市存在和发展的内在动力。

百岛洞头，犹如一串嵌在东海万顷碧波之上的珍珠，山海兼胜，风光旖旎。半个世纪以前，一群普通的洞头渔家姑娘唱出了一首“中华儿女多奇志，不爱红装爱武装”的海霞红歌；今天，飘扬在东海前哨的这首精神之歌依旧嘹亮，洞头儿女在这里创业创新，执着地守望着自己的精神家园，书写更为壮丽的当代传奇。

“海霞”的生命力在于始终与时代发展同步，时代的发展不断地为海霞精神赋予新的内涵，从而使海霞精神日趋丰富、鲜活，永远保持着她的先进性。如今的“海霞”已不仅仅是国防建设的勇士，更是洞头经济、文化和社会建设的一面旗帜和一大品牌，它正在为洞头打造温州“海上花园”凝聚人心，汇聚力量，为洞头经济社会适应中高速、迈向中高端提供不竭的精神动力。

【海霞精神　星火燎原的价值标杆】

海霞精神是在特殊时代背景下土生土长的洞头精神。

1958年，中央发出了在全国大办民兵师，构筑强大的全民防御网的号召。洞头女子民兵连也因此呼应而出，成了全民防御网中的一个重要因子。

海的基因赋予了洞头人宽阔的胸怀，涵养了洞头人朴素的情感。这支连队的女民兵与岛上的广大干部群众，立足海岛，心向祖国，全情投入保卫海岛、建设海岛的社会主义革命和社会主义建设实践中，谱写了一曲曲“军民联防”“保卫海防”“建设海岛”“繁荣海疆”的动人乐章。她们的先进事迹被写成小说《海岛女民兵》，被拍成电影《海霞》，被载入《中国共产党党史》(第二卷)，而传遍祖国的大江南北。

“船的力量在帆上，人的力量在心上。”在女子连纪念馆中，陈列着75枚奖章、92张奖状、129面锦旗、180余本荣誉证书，既见证了女子连官兵的艰辛和执着，更看到了她们对理想信念坚定不移的追求。

这种信念来源于对美好理想的执着追求。她们坚信党的理想信念是全国人民最崇高、最美好的，这种信念来源于对党的无比信任，她们坚信“没有共产党就没有新中国”，只有党的领导，人民才能幸福安康，国家才能繁荣富强。所以，这一批出身贫苦的渔家姑娘，无论是在建连之初的日日夜夜，还是在成长过程中的挫折坎坷，无论是在“文革”十年的灾难时期，还是在社会主义现代化建设新时期，始终做到“队伍不散，传统不变，思想不乱，训练不停，作风不松，活动不断”。

脱下绚丽多彩的时装，换上迷彩服；剪去飘逸的长发，换成干练的女兵发型；离开了舒适的工作单位，走上英姿飒爽的练兵场。海霞精神的可贵之处在于传达了一种“励志奉献”的高尚品格。

那时候，参加民兵工作，保卫海防前哨，没有拿一分工资，没有发一分补贴，权当是一项荣誉，一种责任。这种品格在那个时代形成了一种风气，一种习惯，一种追求。在社会主义的新时期，女子连的民兵们秉承了这种“励志奉献”的品格。在重大节假日及战备期间，她们轮流值勤，配合公安、武警开展巡逻；在急难险重关头，她们积极参与抗台抢险、山林灭火，为保护人民的生命财产安全默默地无私奉献。

这种精神，不但成为推动海岛改革开放的重要力量，而且成为一代又一代洞头人的宝贵财富。海霞精神不是一个停留在过去的红色符号，而是一个经久不息的价值航标，它在加快推进海洋经济发展、城乡统筹协调与和谐社会建设中，发扬光大、与时俱进。

如今，洞头岛上有"海霞扶贫帮困基金""海霞妈妈""海霞电力女子服务队""海霞应急救援队""海霞义工"等组织，她们秉承着"奉献、友爱、热心、互助"的宗旨，争当平安宣传员，争当便民服务员，争当困难帮扶员，争当矛盾调解员……2013 年，洞头率全国之先将活跃在民间的这 188 支服务队整合组建成海霞市民服务团，团员总人数超过 9800 人，超过洞头常住人口的 10%，堪称全国"市民服务第一团"。

从盆景到风景，洞头有海霞精神生长的沃土、发育的温度，精神的标杆也找到了最大的"社会公约数"。经济的发达，可以为一个国家贴上强大的标签；而唯有精神的力量，可以让一个国家扛得起"伟大"这字眼。海霞精神正是我们民族精神传承和时代精神发展中极具生命力的一脉活泉，它奔流不息，为建设"两美"浙江，实现 21 世纪的"中国梦"注入了源源不断的新鲜力量。

【时代旋律　经济社会的不竭动力】

"海霞"是充满地域文化个性和特色的价值取向，是推动洞头发展的动力，是造就洞头经济社会勃勃生机的精神支撑。从海霞精神到海霞文化，是在党领导下的洞头人民革命传统精神的凝集，是洞头群众核心价值体系的升华和结晶，是社会主义核心价值观在洞头的本土化和具体化。

洞头在持续 50 多年的海霞活动中，建立了洞头先锋女子民兵连纪念馆、海霞军事主题公园，而以"海霞"名字命名的村居、单位、组织、文化社会团体等灿若群星，不断展现时代新风采。既保存了海霞物化与活化的丰富资料，创造了海霞文化鲜活的经验，营造了海霞文化的浓厚氛围，又形成以海霞传人为链条、以海霞情结的市民社会心理及道德生活为深厚底蕴的海霞文化生态圈。

弘扬海霞文化，要与人们日常生活紧密联系起来，在落细、落小、落实上下功夫，使其真正融化在人们的心灵里，体现在具体的行为中。

近几年来，洞头积极开展丰富多彩的以海霞精神为核心内容的主题活动，开展海霞精神宣讲、海霞文明共建、海霞市民服务等一系列公益活动，形成“人人知海霞、人人当海霞”的社会氛围；

同时发动各海霞团队、艺术爱好者们的积极性，通过洞头人写洞头的故事、洞头人拍洞头的故事、洞头人唱洞头的故事等，突出本土化创作的元素，积极推出一批以“海霞”为主题的海霞书籍、海霞金曲、海霞话剧、海霞影像等文艺精品。

组织有关专家、学者，深入挖掘海霞军事、文化内涵，编写海霞口袋书、海霞口述史、海霞精神、霞光璀璨、海霞传等书籍，丰富学生对海霞的精神认识，将海霞精神融入学校教育之中，实现薪火相传。

文化是柔中带刚的，它如绵绵流水哺育着一方乡土，看似柔弱的外表下蕴含着摧枯拉朽的宏大力量。将海霞精神融入全民创业创新之中，以海霞文化建设的正能量，激励海岛人民解放思想，形成经济发展、社会进步的内生动力。

洞头坚持以海霞精神为引领，进一步激发干部群众创业创新的动力，进一步调动海岛人民建设家乡的热情，进一步唤起了全社会弘扬海霞精神的自觉性。

发展经济，必须要有精神动力，海霞精神的创业精神、创新精神、奉献精神等，就是发展经济的最好动力。“海霞”所体现的百折不挠的高贵品格，为追求理想而坚忍执着、战胜困难而义无反顾的精神，同样是当下洞头抢抓海洋经济发展、抢抓重点领域改革大好机遇必不可少的精神品格。推动国防后备力量建设与经济社会建设的良性互动，全力推进“海上花园”国际性旅游休闲岛建设，亦是一代又一代海霞人矢志不渝的奋斗目标。

“海霞”已经成了洞头历史传统、文化底蕴、发展特征、时代风貌和价值追求的总概括，是一种意志品格和文化特色的精确提炼，是一种洞头人生活信念和人生境界的高度升华，是洞头市民一致认同的精神价值和共同追求。

【城市品牌　与时俱进的地域文章】

在经济全球化、文化多元化的时代背景下，紧跟时代步伐，大力弘扬海霞精神，充分利用海霞文化，挖掘其与时俱进的现实意义，使其更好地为经济建设服务——洞头正在书写这篇“大文章”。“海霞”是洞头不可复制的红色财富，是城市发展无与伦比的竞争优势。

一直以来，县委、县政府高度重视海霞品牌发展，2009 年为适应经济建设的需要，洞头先锋女子民兵连成立了海霞文化旅游发展有限公司；2011 年成立了以县委书记为组长的海霞军事文化发展工作领导小组，同年举办首个“海霞旅游·生态消费”日活动；2012 年洞头县海霞文化研究会宣告成立；2014 年海霞办作为洞头县旅委下属机构，专门负责海霞红色旅游发展工作。通过县委、县政府主抓，各类海霞机构统筹推进，确保海霞品牌管理常态化，海霞精神代代相传，海霞文化延续发展。

积极推进海霞文化印迹建设。近年来，按照“高起点、大手笔、出精品”的要求，县财政先后整合旅游发展、整村推进、扶贫开发、精品村建设等多方资金近 5000 万元，打造了以军事体验为主的海霞军事主题公园、以海霞文化展示为主的洞头先锋女子民兵连纪念馆、以教育体验为主的海霞营地，以及军民友谊池、海霞故居、红星果园、海霞生态垦礁区、海霞生态剧场等红色旅游景点。在城区建设海霞公园、海霞广场、海霞中学等，在城市文化中也融入海霞文化元素，使广大市民和游客充分感受海霞文化的氛围。

加快海霞红色旅游发展。依托海霞军事主题公园和女子连纪念馆，深度开发民兵体验、户外拓展训练、青少年军事教育等项目，推出"住海霞营、吃连队饭、穿迷彩服、过军事日"等主题旅游产品和多条红色旅游精品线路，使海霞文化与军事体验、渔家乐旅游等活动很好地结合起来，吸引了广大群众特别是青少年学生的积极参与，其中"海霞营地军事游"线路深受游客青睐。

洞头已启动女子连纪念馆国家级爱国主义教育基地的申创工作。同时，在洞头红色旅游景区被列入省级红色旅游经典景区的基础上，积极争取创成国家级红色旅游经典景区，将"海霞之旅"纳入全国红色旅游推荐线路之中。借女子连建连 55 周年之机，精心举办中国·洞头红色旅游高峰论坛，邀请国内专家学者参加海霞红色旅游发展研讨会，凝聚专家学者智慧，传播洞头海霞品牌。

扩大海霞品牌知名度。整合各类以"海霞"冠名的社会公益组织，通过拍摄微电影、举办全国性赛事，以及网页、微博、微信等现代传播媒介，使海霞品牌的知名度越来越高。2013 年拍摄了以"海霞"为题材的微电影《海岛女民兵的爱情故事》，是目前国内第一部描写新时代海岛女民兵事业、爱情、生活的微电影。加强"海霞"牌商标保护，完成 29 大类 280 个"海霞"牌商标注册。制作的海霞旅游歌曲《海霞新曲》在温州市好歌曲评选中，获评"温州好歌曲"。2014 年，温州市首部大型海霞青春励志舞台剧《海霞青春梦》的上演，广受观众好评。

另一方面，洞头积极与全国知名的新闻媒体、影视集团、传媒公司、艺术院校等文化媒介进行广泛交流合作，积极推介海霞文化的主题事迹，让全国文艺创作者的眼光能聚集到百岛洞头，海霞故乡。

在推进现代化的进程中，我们越来越认识到城市精神对提高城市向心力、凝聚力的重要作用。城市精神已经成为一个城市塑造崭新的城市形象、提升城市竞争力的重要举措。“海霞”是洞头昨天的历史背影，今天的城市品牌，明天的发展动力。恰似百川归海，海霞精神正因着日积月累而气势磅礴！

55 年，是一段辉煌的里程，而下一个 55 年，海霞精神还将在“海上花园”——洞头继续传承、创新、发展，成为洞头对内发展的一股精气神，成为洞头对外传播的一张金名片。

洞头县委书记　董智武

目　录

我的历程

汪月霞，1937 年 4 月出生，洞头先锋女子民兵连首任连长。曾任桐桥大队民兵连连长、大队党支部书记，北沙公社女子民兵连连长、公社人武部副部长，中共洞头县县委副书记、书记，温州市人大常委会副主任，中共第十一次全国代表大会代表，第四、五、六届全国人大代表，第五届全国人大常委会委员。

我出生在穷苦人家，也没啥文化，参加女子连后，在党和人民的培养下，在驻岛部队和人民群众的帮助支持下，我带领着女子连一班人，在守卫海岛、建设海岛中，做了一些事情，但党和人民却给了我很多的荣誉，还让我走上了领导岗位。这些经历，我将终身铭记在心。

新中国成立前的日子苦黄连

我出生在鸽尾礁一个贫苦渔民家庭，家里 5 口人，仅 3 分土地。说起那时的洞头岛，百姓生活苦如黄连，洞头岛上流传着一首民谣：“洞头岛来水连天，百姓生活苦黄连。满山野菜全挖尽，十有九户断炊烟。寒冬腊月风刺骨，床上无被身无棉。催捐逼债无路走，典妻卖子度残年。”

我 10 岁那年，父亲在洞头找不到活，就一个人前往坎门，被人雇去打鱼，半年多了，也没托人带钱来，家里的锅底朝天了。有一天，母亲对我说：“孩子，实在过不下去了，你到教场(坎门)

去找你爸，要一点钱回来。”我听了母亲的话后，搭上一只用桨划的小船，在海上晃来晃去地颠了好几个小时，才到坎门。谁知阿爸见到我就蹲在地上，双手抱着头，愁眉苦脸。他身无分文，原来他的一点工钱都让地方上的赌头敲光了。他在坎门也待不下去了，只得和我回家。

我和阿爸回到家里后，我带着弟妹上山挖胡葱，到海滩上拾些烂鱼虾，一天两餐过日子。后来，父亲又给同村的一位渔主打鱼。第二年8月的一天傍晚，有个捕鱼回来的阿伯跑到我家说我爸在海上捕鱼，遇到国民党船巡逻，要我爸回港，我爸说等把这网头拉起再走，可国民党兵不问青红皂白，用枪托猛砸我爸的头，一个当官的还把他摁在船板上，拳打脚踢……待父亲回到了海边，躺在沙滩上，已连话也说不出了，我们叫人帮着抬回家后，他半身瘫痪，卧病两年便去世了。

我15岁那年，家里生活过不下去了，母亲走投无路，自作主张把我嫁给了桐桥村的一个男人。其实，几天前母亲已唠叨要把我嫁出去，我总不敢相信是真的，而且我也不认识这个人，他还比我大14岁。当时，我哭了整整三个晚上，还是做了“新娘”。过去的日子真的是苦黄连，说起来三天三夜也倒不完……

洞头解放了真高兴

1952年1月13日清晨4点多钟，天还没亮，噼里啪啦的枪声就把我们吵醒了，只听见屋外有人说是大军来解放洞头了。然而，谁也不敢打开门，只是躲在屋内，生怕出意外。这时，一班国民党兵闯进了我家，凶狠狠地说渴死了，要水喝，水还没烧开，这些兵就像老鼠一样溜走了。天大亮了，外面又来一队兵，右臂上都扎着红带子，说是解放军，他们来到我家，一个个很客气，问我能否给点水，我端了水给他们喝。他们边喝边问寒问暖，像是自家人，他们说是解放军，我听了很高兴，再也按捺不住自己激动的心情，冲出大门，叫喊着：“解放军来啦！解放军来啦！！”左邻右舍的乡亲们,一个个从门缝里探出脑袋。一会儿,家家户户都开了门,男女老少走了出来。此时,太阳已经露脸了,我感到天好像高了,黑云都散了,海风吹过来不仅不冷,反而让人觉得精神很爽快。

那时,洞头岛上的国民党兵全部退守到棺材岙,棺材岙有条连接本岛的木桥,也被国民党兵拆了。棺材岙四面环山,山高坡陡,山上有敌人的明枪暗堡,易守难攻。

1 月 13 日至 15 日,我军向棺材岙守敌发起进攻。村里群众自发组织起来,为部队烧开水。水烧好了,大家用双手提,猫着腰送到前线。我们送去的是水,背回来的却是解放军战士的尸身！平地上,一排一排的解放军战士,刚才还是生龙活虎的,现在却静静地躺在地上。这些牺牲的战士有的才十八九岁,有的也只有二十多岁,长得一副孩子脸,见了真让人心疼。大爷大娘们一边哭一边替他们擦去身上的血迹……仗一直打了三天两夜,一个营的解放军战士,大都牺牲在棺材岙,他们的血染红了海面。1 月 15 日下午,人民解放军又发动了更猛烈的进攻,战士们高喊着"解放洞头岛,为牺牲的战友报仇",冲上棺材岙,大炮轰,机枪射,守敌被击毙的击毙,投降的投降,五星红旗终于插在了观潮山上。村里的人们高兴地奔走相告:"洞头解放了！洞头解放了!"

我们和解放军心连心

洞头刚解放,就搞起军民联防。那时,社会还不是很稳定,国民党扬言反攻大陆,我们要经常配合部队巡逻放哨,进行施工建设,只要听说部队有事情,我们都是二话不说,自告奋勇去帮忙。

当时的北沙没有公路,不能通汽车,部队的给养、弹药等军需物资全部靠船从海上运入,船只能停泊在大王殿村的岙口。从大王殿岙口到部队驻地桐桥是一段山路。每当部队运物资的船一到，群众就自发集中起来，成群结队地去帮部队搬运，山路上，人流像一条长龙，谁也不计较担重路远。大家都想到一块了：解放军为解放洞头，牺牲了那么多可爱的战士，我们为部队做点事是应该的。

部队开始了国防施工，我们桐桥村群众也自发地分成两组：一组是以妇女为主，帮助部队做后勤工作，洗衣送饭，打扫营房；一组是以男人为主，参加国防施工，开山筑路，挖战壕，修坑道。军民关系如鱼水相融。

1958年，北沙乡民兵队伍建立了。全乡一个营，下辖的桐桥村设一个连，连里有一个女子排，我当排长。民兵们出身贫穷，恨旧社会，爱新社会，对解放军满怀感激之情。民兵排一建立，我首先想到的是，部队施工紧张，后方必须有人。于是，我带着几个女民兵帮助部队洗衣服、种地、养猪，有时也参加国防施工。一开始，部队战士不肯把脏衣服拿出来，他们总是把脏衣服、被子藏起来。女民兵就等部队一出工，争先恐后地跑进营房，把战士们的脏衣服、被子找出来洗，晾干后又整整齐齐地折好，然后又风风火火地去找别的事干。女民兵们心里总觉得，能为战士们做点事，是莫大的光荣，不怕做事情，只怕没事做。自从民兵组织成立以后，军民便成了一家人，以“联心、联训、联防、联欢”为中心，军民联防工作蓬勃地发展起来。

1959年5月上旬，有一天，村里有几个渔民从海上捕鱼回来后对我说：“在虎头屿孤岛打坑道的部队战士已经断水几天了！”听到这个消息，我们和村里的解放军指战员都非常焦急。那时，海面上连续刮了好几天的大风，交通已经中断，怎么办？部队的困难就是我们的困难！我带着几个男女民兵，驾着小船，迎着七级风浪，载着一桶桶淡水，驶向虎头屿。虎头屿是无人居住的荒岛，山势陡峭，连一条路也没有，人在山脊上只能匍匐而行。山脚下是汹涌的海浪，浪撞击在礁石上，发出“轰、轰”的响音。如果不小心滚下山去，后果不堪设想。我们就是在这样的环境中，扛的扛，挑的挑，把一桶桶淡水送往山上，支援了部队的国防建设。

见到毛主席太激动了

1960 年 4 月 23 日，全国民兵代表大会在北京召开，我和工委的唐升銮书记都参加了这次大会。

到北京时，我晚上翻来覆去睡不着，想着过去的苦日子，想着洞头人民翻身解放，想着我这个童养媳怎样来到北京城……在这次大会上，我还作为民兵代表，在大会上发言，面对上万人的会场，我讲了洞头人民，讲了洞头民兵，讲了洞头的军民联防……

这次大会，党和国家的主要领导人都出席了。会议第二天，上面有人来告诉我们，中央领导要在中南海怀仁堂的广场接见全体代表，还说毛主席也来。那一天，我们怀着无比兴奋的心情，在怀仁堂等待毛主席的到来，大家都不敢大声说话。不久，罗瑞卿大将来了，说："毛主席有事耽搁了，明天和大家照相。"第二天是 4 月 26 日，毛主席来了坐在代表中间，我坐在第一排，即与毛主席同排，只见毛主席侧过头，笑着对我们说："我到你们那儿当个民兵要不要哇？"这时，我已什么话也说不出，只感到满身热乎乎，一个劲地鼓掌。

当我们从怀仁堂出来的时候，一大群记者围了上来，要我谈谈感受。我感受确实很多，但嘴上说不出条条理理，心里却永远记着：我原是一个不懂事的苦孩子，是解放军救我出火坑，是共产党给我新的生命。没有毛主席和共产党，就没有我汪月霞的今天。我所做的一切，只为了报答共产党、毛主席的恩情，却被授予这样的殊荣，参加了全国的民兵代表大会，得到了毛主席的接见，同毛主席照了相，并接受了毛主席赠送的我国第一批生产的半自动步枪和子弹，怎么叫我不激动呢！这些不仅是一种荣誉，更是对我今后工作的激励，我只有加倍努力，才不辜负毛主席的期望，才对得起父老乡亲，对得起人民解放军。

组建女子连后更精神

全国民兵代表大会结束时,我向参加大会的南京军区首长提出建立女子连的打算,首长十分赞同我的想法,还说:“你们建了女民兵连后,我们一定去看看。”回到洞头后,我马上向上级汇报,开始了组建女子民兵连的工作。

1960 年 6 月,在驻岛部队和当地政府的指导帮助下,女子连以原来的女子民兵排为基础,扩充了一些思想进步、组织过硬的生产能手。除了公社养殖队的“海带十枝花”,还有东沙的“红旗十姐妹”、甲米礁(现为鸽尾礁)的“七姐妹生产班”、桐桥的“三八东风生产队”的姑娘们,总共 120 名海岛姑娘组成了“北沙女子民兵连”(后改称“洞头先锋女子民兵连”),由我任连长,北沙小学的教师梁爱菊兼指导员。不久,由陈玉兰接任指导员。

女子连的成立并非一帆风顺,反对女人参加民兵的人不少,特别是她们的家人,认为女人应该管家务,整天泥里来土里去不成体统。我们分别做他们的思想工作,利用各种形式进行宣传,还用忆苦思甜的方法对群众进行教育。郑玉香的母亲,踮着一双小脚,开始坚决反对女儿参加民兵,我们不厌其烦地家访了好几次,最后她说:“毛主席都这么支持民兵,就让她去吧!”接着,还亲自动员儿媳妇也参加女子连。汪葡萄,一个长得很秀气的姑娘,参加女子连的积极性很高,但她的母亲也不同意,只好悄悄跟着女子连训练、演出。后来,经过多次做工作,她母亲终于答应了。后来,汪葡萄在女子连表现很好,还当上了排长,成为特等射手。

1962 年,北沙公社划成两个联防区:六连联防区和八二炮连联防区。六连联防区下辖 4 个大队:桐桥、柴岙、大王殿和鸽尾礁,女子连也相应地整编为 4 个排 11 个班。那时,蒋介石反攻大陆叫得很狂,也有特务到大陆捣乱,海上的反共宣传品也很常见。面对着严峻的形势,女子连的全体战士咬破指头,写了血书,表示誓死保家卫国,还要求单独拨给女子连一个阵地。阵地在柴岙村,一守就是 18 个昼夜,有的女民兵把孩子也带在身边,坚守阵地。

1964 年 4 月,浙江省军区派了一辆车把我接到杭州,说是阿尔巴尼亚国家主席谢胡来我国访问,住在杭州,要观看民兵射击表演。表演的项目有精度射、空中气球、平地彩碟、固定速射、移动速射、对抗赛等。我参加了所有项目的表演,并取得了很好的成绩,谢胡主席高兴得不得了,走下观看台,热烈地和我拥抱,他看着我身上穿的花衣服,很不解地问:"你们民兵怎么穿这种衣服?"我被他问得莫名其妙,不穿这衣服穿什么?不要说衣服,就连平时的训练,我们都是纯义务的,没有丝毫的报酬!立志奉献是我们女子连每个战士共同的精神支柱,而且这种精神会不断传承、不断发扬。

动乱中守住这面旗

1966 年秋,洞头也搞起所谓"文化大革命"。一些造反派组织冲进部队,想抢回我存放在那里的那支毛主席赠送的半自动步枪,说那是黑枪。他们有些人还想劫持我,然后下海投敌。这些举动,引起部队和民兵的高度重视,加强了对我的保护措施。近一个月的时间,女子连的民兵,特别是部队的几个战士,可以说是没日没夜地守护着我,一个个累得快趴下了,没松一口气。我心里清楚:他们守护的不仅仅是我,而是女子连这面红旗。

1966 年冬,我参加了南京军区的一个招待会。会上,我做了一个发言是"不是鱼死就是网破",还有一个叫王兰英的人做了"白天举红旗,晚上举白旗"的发言。这两篇发言稿都登在《东海民兵》杂志上。之后,这些所谓造反派更是视我为眼中钉、肉中刺。1967 年 8 月,在时任浙江省革委会主任南萍、副主任熊应堂的催促下,我从南京回到洞头,不久就遭殃了。我被剪去头发,脱去鞋,挂上牌,游街示众。那天晚上,被关在公安局,突然有个人从外面冲了进来，用力揪住我胸口的衣服，大叫一声：“××子，今天总算抓到你了！”恶狠狠地把我一下推倒在地上，我当场休克，两个脚指甲整片揭起，血流了一地，被群众抬回桐桥老家。第三天，造反组织一些人坐着卡车来抓我，群众围得里三层外三层保护我。这些人返回北岙，带上枪支，重返桐桥，竟然向群众鸣枪示威！我又被带去批斗。在县城北岙的大操场，我的母亲扶着我，陪同批斗，在东岙顶村，他们逼我赤脚站在滚烫的海滩卵石上，让我在酷热的太阳下暴晒。最后，我被村民用担架抬回桐桥，但一部分人仍不放过我，又连夜批斗了我。

那时候，女子连也受到了连累，造反组织的那些人多次找指导员陈玉兰谈话，要她带一些女民兵反对我。被拒绝后，他们便说：“汪月霞是大妖精，女子连的人是小妖精。”并成立了一个“捉妖战斗队”，与女子连作对。一些支持女子连的群众也组成了“扑不灭战斗队”与“捉妖战斗队”相抗衡。女子连的民兵始终团结一条心，坚持不动摇，大家说：“紧跟驻军六连，六连怎么走，女子连就怎么做！”这期间，与部队的联防工作始终没有中断，特别是陈玉兰等几个骨干领导，挺直脊梁，主持着女子连的工作。

1975 年 1 月，全国召开第四届人民代表大会。之前，我当选为全国人大代表，把一些人气晕了。为了打倒我，他们仅向上级反映意见的电报费就用了一千多元！还写了一大沓的黑材料，送到市里、省里，有几个人甚至跑到北京状告我。但中央不理他们，上级党组织还任我为洞头县县委副书记，还是抓女子连的工作。

1975 年 3 月，遵照中央军委的指示，南京军区下达调防命令，温州军分区机关团队、洞头县人武部被调驻苏北地区，原驻岛部队调防江苏宿迁，与女子连携手并肩战斗了近 20 年的军民联防模范连——六连，也随之调防。几十年来，六连与女子连建立了鱼水之情，可以说，没有六连就没有女子连，没有女子连就没有六连“模范连”的这一光荣称号。“六连要调离洞头”的消息传出，连队的女民兵们就像失去亲人一样悲痛、惋惜，好多人都掉泪了，她们给六连的战士们送去鸡蛋、鱼干，还有自己织的毛衣、自己做的布鞋。战士们则给她们留下《毛泽东选集》《钢铁是怎样炼成的》《欧阳海之歌》《雷锋的故事》等书籍。我至今还清楚地记得，移防那一天，我们女子连与当地群众共约300多人去欢送，很多民兵、群众拉着战士们的手，战士们扶着前来送行的老大爷老大娘，好久都说不出话来。乡亲们还拿出贮藏多时的鞭炮燃放起来，又敲锣打鼓把战士们送上卡车，相互间都握手再握手，挥手再挥手，乡亲们目送着车子渐渐远去……

原驻岛的部队走了，但女子连这面红旗并没有倒下。我们在上级党委的领导下，在广大干部群众的支持下，在县人武部和新接防部队帮助下，又高举着这面战旗继续前进。

这面战旗代代传

1978年2月，全国第五届人民代表大会召开，我当选为大会主席团成员。会上，我还被选为全国人大常委会委员。会议期间，党和国家领导人接见了我，李先念同志同我合影留念，接着我又出席了党的第十一次全国代表大会。

1978年8月，省委任命我为洞头县县委书记。此后还连续担任第六、七届中共浙江省委委员。

1982年，我不再兼任女子连连长，接班的是许玉莲，这位年仅20岁的姑娘，还被评为全国“新长征突击手”。

1983年，我当选为温州市人大常委会副主任。

1984年后，女子连几乎每年都要进行整组，一批老队员离队，一批新民兵进连，一代又一代的女民兵高举着这面红旗勇往直前。从创建开始：1960年10月，国防部为北沙女子民兵连一排荣记集体二等功；1965年12月，国防部在杭州隆重举行命名庆功大会，驻岛部队六连被授予“军民联防模范连”的光荣称号，同时，浙江省人民委员会、浙江省军区为连队记集体一等功；

1977 年，女子连被温州地委、温州军分区评为“民兵工作三落实”先进单位，同时被授予“海上磐石、坚不可摧”的锦旗；1978 年 9 月，浙江省革命委员会和浙江省军区授予该连“洞头先锋女子民兵连”荣誉称号；1982 年和 1983 年，连续两次被全国妇联授予“三八红旗集体”称号；先后 8 次被南京军区、省军区评为“民兵工作先进单位”……连里几任主官中好几个人曾被评为全国“新长征突击手”“三八红旗手”“双拥工作先进个人”和浙江省“学雷锋先进个人”“三八红旗手”等。

2002 年 9 月 6 日，中央军委副主席、国防部部长迟浩田在温州市府办事处与女子连老连长汪月霞、本书作者陈海鸥合影留念

现在我退休了，但新一代的女兵们传承着“爱岛尚武、立志奉献”的精神，不断做出新贡献，不断取得新成绩，为女子连这面战旗增辉添彩，使“海霞”精神代代相传、巾帼战旗更红，我感到很欣慰！

陈海鸥　徐　彬　记录整理

连队是我的家

陈玉兰，1938年11月出生，洞头先锋女子民兵连第二任指导员。浙江省五届人大代表，南京军区“学雷锋、学硬骨头六连”先进个人。1979年被评为全国“三八红旗手”。1982年因民兵工作先进被温州军分区记“三等功”一次。

女子连是个大学校。它能锻炼人，也能教育人、培养人。我参加女子连后，和连队的同志互相学习，同甘共苦，战胜了许多困难，不但提高了思想，而且提高了处事能力，赢得了领导和群众的赞扬，真正体会到连队真是一个温暖的家。

带好连里兵

新中国成立前，我出生在一个生活很苦的人家，三岁时母亲就去世了，我的父亲是一个老实巴交的渔民，靠着出海捕点鱼虾、上山种点番薯和蔬菜度日子。我七岁时，父亲去世了，我和哥哥相依为命。我从出生到十六岁，都没穿过一双新鞋，穿的都是别人送的旧鞋。那时，我多想有一日能填饱肚皮，盖上一床温暖的棉被。我出嫁后，盖的是夫家邻居送的被子，这床破了再补补了再破的旧棉被，我们用了十几年，现在摆在女子连纪念馆的柜子里。

洞头岛解放后，我已经十八岁，嫁到了桐桥村后就参加了军民联防工作。那时，桐桥一带没有公路，驻军后勤供给任务却很重。我和汪月霞她们一起，帮助部队搬弹药、运给养，一有空就和几个小姐妹跑进部队驻地，拿战士们的脏衣服到井边洗。后来，我便参加了女子民兵排。

1960 年 6 月，洞头女子民兵连成立了。不久，我又被任命为连队指导员。我感到这是党对我的信任，组织上对我的关怀。我一定要把连队当成自己的家，不管担子多重，问题多难，工作多苦，一定要把这个“家”撑起来。

有一次，我流产出血在北岙挂盐水，当天晚上连队有学习任务，我挂完盐水就从北岙赶回来。由于身体虚弱，从北岙到桐桥，两公里的路程我足足走了一个半小时。一路上我感到头很重，脚很轻，身子骨要松塌下去。在路上我几次晕倒，幸亏路人相帮，才平安地回到了家。到家时天色已晚，我撑着身体，来到了连队，坚持组织连队民兵进行政治学习。

女子连每年都要整组，老的女民兵要退下去，新的女民兵也要补上来。但在整组中经常会出现一些女民兵出嫁不出连，也有的老民兵超龄不退连，要求“继续留在连队，当一名战士”。为了做好这些同志的思想工作，那时，我整个月连续翻山越岭，到桐桥、柴岙、大王殿、鸽米碓 4 个村 24 个生产队上门劝说，许多老民兵拉住我的手动情地说：“在部队里当兵，超龄要退役，可我们是村民，应该可以一辈子当民兵。”村里也有未到龄的少女要当民兵。在女子连的历史上，未到年龄就进入这个“大熔炉”的数不胜数，例如：许云、王爱玉、陈冬香、王翠香等等。

送老兵、收新兵是指导员的任务，而带好兵、练好兵更是指导员的责任。我在带兵过程中就像啃骨头，慢慢嚼才领会到了这个道理。发现连队里的不良苗头，我就召开会议，认真分析原因，勉励大家严格地要求自己，刻苦训练。当然，有时也要拜公公求婆婆似的做工作。俗话说：“春看春雨看雨，社员看干部。”我自己，更是严于律己，苦练军事本领。多年的摸爬滚打，我练就了一手好枪法。1970 年的洞头军民联合军事演习，我带着女子连出色完成了防守任务。连队女民兵的精彩表演，赢得了首长和代表们的热烈掌声。

军民一条心

1961 年，我国遭受了极其严重的困难。此时，盘踞台湾的蒋介石也想伺机反攻大陆。地处东海前哨的洞头，战备气氛很紧张，国防施工频繁，地方建设火热。我和汪月霞带着女子连的战友们，以班、排为单位，参加水塘、堤坝的建设，包下部队的养猪、种菜、挖番薯等生产任务，洗部队战士的衣服，积极为部队做好后勤工作。

1966 年，在鸽尾礁炮阵地坑道突击运料，我带着连队的女民兵与部队战士一道，掌钎挥锤，铲锹甩镐，连续十几天坚持在工地上工作，双手都起了血泡，有的女民兵身上被砸伤了还带伤坚持着。施工中，我几次累倒，照样坚持在工地和训练场上。部队战士有生病的，我把家里用以换油盐酱醋的鸡蛋烧给病号吃，用陈年的海货炖汤，亲自送到部队营房。如今在女子连陈列馆里摆放着的碗锅等实物，就是我当年为战士烧病号饭用过的。逢年过节，我都要请来部队的官兵、家属，在家摆一桌简单的渔家饭菜，让他们感受家庭的气氛。

就这样，连队和部队的战士们结下了深厚的感情，部队的一些战士想家了，或是有情绪、闹矛盾，都爱找我们谈心，我们也苦口婆心、几次三番做他们的思想工作。部队卫生员小王，几次申请探家，都因种种原因没有得到批准，我耐心进行劝说，小王心中的疙瘩解开了，工作也干得更欢了。战士吴常义，因为在洞头的时间较长，平常他有什么事也喜欢跟我说说。复员的时间到了，眼看就要离开自己生活了多年的洞头，离开女子连，他的眼泪忍不住流了下来。

开荒又种地

20世纪60年代初，我们国家遭受三年困难时期后，生活还很苦，我萌生了到七曹岙开荒扩种增产粮食的念头。七曹岙地处甲米礁北侧，是一个无人居住、荒草杂生、乱石丛卧的地方。按照一些人的说法，是个"鬼也要出来"的地方。在这荒无人烟的地方，看着这一堆堆乱石，一丛丛杂草，不禁令人叹了好几口长气。我们八位女民兵组成了一个生产队，我担任队长，负责七曹岙的开垦任务。

开山挖石

冬去春来，我们决定在新开垦的土地上种番薯。然而，当望着这十几亩新开的荒地准备进行整垅时，一下子愣住了，单靠这8把锄头，猴年马月才能将这十几亩地整好呢？后来，生产队拨给我们一头耕牛，又派了一个男劳力帮助我们耕地。可是，一天下来，这个汉子便叫苦连天地跑了，之后，生产队不管派谁，都不愿意来这里受罪。也对,这里连一口水也喝不上,休息一会儿的时候,除了牛的哞哞声和风的呼呼声,再也找不到一个人聊聊天的。有时,这里静寂得让人心里发怵。可开弓没有回头箭,只好自己干了。谁叫我们是女子连的民兵呢!在那时,女民兵们每个人的思想都很纯净,觉悟很高,总觉得只有激流勇进,不能知难而退。

我们只好现学现耕,一人牵牛,两人扶犁,笨笨拙拙地自己干起来。俗话说:"懂门道的吃巧,不懂门道的吃力。"这话正说到我们这儿了,有时犁头插得太深,牛拉不动,人和牛一起使劲,累得满身是汗;有时犁头插得太浅,牛一拉,犁就突然冲出地面。人和犁一起倒在地上。最气人的还是转头看那些男人们,手中的牛绳轻轻一甩,口中"驾——""噢——",那牛就说走就走,说停就停,左转右转,很是轻松。而我们觉得自己笨手笨脚,连牛也不听话,和我们作起对来。功夫不负有心人,在我们的努力下,歪歪斜斜扭蛇般的番薯垅终于做好。接下来又是一关关严峻的考验摆在我们面前。

番薯苗压下去之后,需要浇水,藤苗成活了,还要浇肥。这里离桐桥较远,走一趟需要 40 分钟,周围连一条像样的小路也没有,所谓的路是这几个女民兵来来往往在杂草上踩出来的。挑着一担一百来斤重的"肥水",走在这样的路上,不小心,就会连人带桶一起滑倒。挑吃力了,想找一个较平的地方歇歇都不容易,只好咬着牙根,一口气挑到底。一天下来,马不停蹄,每人也只能担四五趟。所以,她们都在太阳还没起床的时候出门,挑着月亮回家。而后,又匆匆忙忙赶到连队,参加学习,参加巡逻,也不知那样的干劲是怎么来的!

我们在那里连续干了三年,三年的心血没有白花,汗水没有白流。过去,这些地每亩只能收番薯 100 多斤,经我们开垦整理后能收番薯 1000 多斤,当我们挖起地里一块块肥圆滚壮的番薯,心里像吃了蜜一样甜。我们用自己辛勤的汗水为女子连写下了一页奋斗史。

连队是我家

我全家上下十来口人，那些年农村经济还很困难，我的丈夫在中年时丧失了劳动能力，对我的工作也不理解，经常怨声怨气。所有这些都给我的工作增加了很多压力，但是我从来没有因为家里的事而影响了连里的工作。

每天清晨，我早早来到生产队参加劳动，努力挣一点工分养家。傍晚收工了，就风风火火地料理好家务，赶去参加连里的学习。学习完了，还得执勤放哨，回到家中常常已是三更半夜，我还得给家人缝补衣服。家里人多，经济收入少，我家的日子过得很紧巴。三斤番薯丝下锅，等洗好衣服端起碗筷时只能喝番薯丝汤了。我常常饿着肚子去忙工作。一次，我外出借米，在路上被部队的一个连长撞上了，邻居把实情讲了。连长一听，当即赶回连队让战士抬着一袋大米来到我家时，我再也控制不住自己，眼泪直往外流……

1967 年新春，一条不幸的消息传到桐桥村：村里一条运输船到福建买木材时在近海失事，船上 29 人中有 15 人遇难，据说我的丈夫也在其中。噩耗传来，我一下感到天昏地暗。家中的孩子，还等着他们的爸爸给他们买书包呢，那个用了多年的旧布包，早已经破得不成样子了。还有贫穷的家庭，年迈的老人，今后家庭的全部重担，将会压在我的双肩之上。我欲哭无泪。但是，我想到村里还有另外 14 个家庭，那些家属和孩子，还需要抚慰，我忍着心里的痛苦，默默地收拾好家务，安顿好孩子，毅然走出了家门。

北沙公社门口，一些不明真相的遇难者家属在吵吵闹闹，他们以为政府故意隐瞒了死难者的名单。人们哭着，嚎着，都在担心自己的亲人。谁也不知道死去的会是什么人。我拢了拢被风吹乱的头发，一头扎进了纷乱的人群，耐心劝服，极力安慰受难者的家属。喉咙喊哑了，口水说干了，我用爱心和同情劝慰着他们,让人们慢慢静下来,各自回家等待消息。

几天后,县委了解到了14位幸存者的姓名后告诉了我们,我的丈夫也在其中。这对我来说,实在是不幸中的大幸了。丈夫回来后,我把死里逃生归来的丈夫和前来探望的亲戚留在了家里,自己带着几个女子连的民兵,和大队干部一起,走向村头岙尾,走进遇难者的家里,一边做遇难者家属的思想工作,安慰他们,一边帮他们料理亲属的后事。在这个事故中,我和大家一样,怀着沉痛的心情,缅怀遇难者。而我没料到过了几年,一场惨痛的事故却降临在我自己身上。

1975年,我生了一对双胞胎,为了完成联防任务,带好女子连的姐妹,我经常丢下刚满月的一对儿女,同平常一样巡逻放哨,常常到下半夜才回家。两个小孩饿醒了哇哇直哭,婆婆只好把自己的奶头塞进孩子的口中。孩子4岁时,我去温州参加了会议,回来后忙于整理汇报材料,把一个儿子放在了家中。吃中饭的时候,婆婆慌慌张张找到我,我才知道孩子不见已经近三个小时!经过一番寻找,最后在村边的池塘里找到孩子的尸体……

这件事对我的打击很大,我一下子苍老了许多。为了女子连,为了工作,我不仅献上了自己的青春,还献上了自己的孩子!老人不理解,丈夫不理解,村里的人们也不能理解。还是连里的姐妹们,帮助和支持了我,使我在最悲痛、最脆弱的时候顶住了来自各方面的压力,照常在女子连工作。

我从1958年加入民兵队伍,1984年后到乡人武部工作,至1992年退休,有三十余年,我始终与女子连在一起。现在,我离队了,离开了我一生执着追求的事业,但女子连的同志们常来看望我,而且这面红旗仍然高高飘扬,我感到很欣慰,很自豪,总感到这支连队就是我的家,我想这个家,我爱这个家。

陈海鸥　徐　彬　记录整理

女子连里的三姐妹

许玉莲，1957年7月出生，女子民兵连第二任连长，1979年被团省委、团中央评为“新长征突击手”。

我和两个妹妹，一个叫许玉英，另一个叫许玉凤，都参加过女子连。在连队里，我们一起学习，一起练武，一起进步，有苦也有累，有泪也有笑。想起那段往事，念起那段经历，还真是有滋有味。

我家三姐妹　都当女民兵

1971年，我刚15岁就参加了女子民兵连，入伍不到一年，担任班长，之后又担任排长、副连长。1982年5月，汪月霞调动不再兼任连长，由我接任连长。1984年5月，我离开连队。1974年，我的大妹妹许玉英，也是15岁时就参加女子民兵连，担任过班长、排长，1985年离开连队。1978年，小妹许玉凤，17岁时参加女子民兵连，曾担任连队卫生员、班长、排长，1988年离开连队。我们三姐妹都把自己最美好的青春献给了海岛的国防事业，献给了女子民兵连。

我们三姐妹都曾参加过集中训练，统一住宿，睡地铺。天冷时，缺少棉垫，就在草席下放层稻草。每人准备一套黑色的衣服，作为夜间作训服，每晚睡前放在床前。如果我们听到紧急集合的哨声，就以最快的速度穿好，跑到集合地点。我们家住在胜利岙，集合地点在桐桥连部，从胜利岙到桐桥一般步行要30—40分钟，我们十几分钟就集合完毕。

组建尖子班　苦练基本功

1977年，为了推动女子连的军事训练和各项工作的开展，连领导决定从全连官兵中挑选十几名军政素质优秀的民兵，组成1个尖子班。我们姐妹三人被同时选中。我当时任一排排长兼尖子班班长，这个由十来个人组成的尖子班，担任着各级表演、比赛的繁重任务。因此，驻军六连先后派出朱孔利班长、杭星副指导员、张树清连长等数人担任军事教员，平时的训练也就特别严格和艰苦。尖子班从难从严，从实战出发，以部队训练标准考核。如队列训练，看似简单，但要达到标准，也是件不容易的事。先分解，后连贯；先单人，后全班。口令要短促响亮，全班战士动作要整齐一致。还有刺杀，女民兵的力气不大，出枪慢，力度不够，教员先做示范动作，大家一遍又一遍练分解动作，再练连贯动作，练得腰酸手软。接着全班战士练“突刺”“防左”“防右”“防下”“连续”等动作，最后是对刺。枪托猛烈撞击着右胯骨，有时会留下伤痕。射击训练时练习快速卧倒，碰破皮是常有的事，手肘、膝盖处会磨出茧子。射击产生的后坐力，震得肩胛处又红又肿。我们练卧射、跪射、立射。练立姿射击时，为使动作不走形，提高命中率，我们在步枪刺刀上加砖，十分钟、半小时举着枪，双手又麻又酸。我们还练习了速射、夜间射击、海上动荡目标射击。夜间射击难度大，目标每隔10秒钟亮1次。第1次亮时，要定位，确定目标；第2次亮时，控制好瞄准线，三点成一线，对准目标；第3次亮完时，击发，子弹出膛飞向目标。打海上动荡目标，难度也很大。人站在舢板上，船随潮流颠簸，目标随波浪上下起伏，左右摇摆，全凭平时练就的基本功，快速捕捉，目标射击，要眼明手快。我们三姐妹经常切磋射击技术，如阳光、风力对射击的影响等，然后再勤学苦练。上级领导十分关注女子民兵连的训练，南京军区司令员许世友指示：对于女子民兵连的实弹射击训练，要保证子弹供给。我在女子民兵连十几年，打掉的子弹起码有一箩筐。

刺杀训练

艺高作风硬　赛场竞风流

1978 年 3 月，尖子班的官兵在县人武部集训 3 个月。我家三姐妹都参加了。在县人武部吃住，在大长坑等地训练，教官是县人武部作训参谋王六堂等人。我们不怕疲劳，连续 3 个月训练，连星期日也没有休息。训练科目有队列、刺杀、捕俘拳、射击、打碟子、打气球、打啤酒瓶、游泳、战场包扎自救、"三防三打"(防化学武器、防原子武器、防细菌武器，打飞机、打军舰、打坦克)。我们整天摸爬滚打，晴天一身汗，雨天一身泥。我们三姐妹和其他战士，在原有的基础上，大幅提高了军事技能。多次射击考核，三姐妹都能用 5 发子弹打出 49 环的成绩。有一次反冲击训练在大长坑滩涂进行，大妹许玉英鞋子掉了，赤足奔跑，脚被石片割伤流血依然坚持前进。3 个月后，温州军分区组织全市民兵军事考核，每个县派出男女各1个班。我县派出女子民兵连尖子班——大长坑民兵班。女子连尖子班参加了队列、刺杀、射击对抗赛。我们一路高歌，勇夺冠军。我获得个人速射第一名(1分钟内，打出40发子弹全部命中目标)，尖子班获对抗赛第一名。回洞头后，县人武部首长带领我们尖子班到全县各乡镇巡回表演，推动了全县民兵的军事训练。

1978年8月，在省军区召开的民兵代表大会期间，陈玉兰、吴爱贞、许玉英等人表演了移动速射。后来，吴爱贞、许玉英参加省组织的移动速射比赛，获得第一名。1983年6月，温州军分区召开第二次民兵代表大会，陈玉兰出席会议，我家三姐妹等人为大会做了军事表演。

1982年8月，省军区在洞头举行对抗登陆演习，女民兵们的英勇顽强得到了省军区首长和参演部队的高度赞扬。尤其是我家三姐妹作为神枪手的出色表演，被传为佳话。省军区首长称我们三姐妹为“英雄三姐妹”。首长的赞扬，使我们三姐妹受到巨大的鼓舞。

姐妹树新风　个个争先进

在女子民兵连里，我们三姐妹历经磨炼，茁壮成长。我为了连队工作，3次推迟婚期，婚后怀孕8个月还在训练场忙碌着。在训练场，我对战士要求严格。有的战士动作不到位，必须重做，直至到位为止。在课余时间我对战士们关心体贴，经常和战士们谈心，有的放矢，对症下药，一把钥匙开一把锁。由于抓连队训练、抓尖子班训练成绩显著，1979年5月和10月，我分别被团省委、团中央评为“新长征突击手”。妹妹许玉英为了尖子班工作，专心训练，5年没到男朋友的家，男朋友邀她看电影，她都婉言推辞。1981年，洞头县首次举行集体婚礼，她移风易俗，不收彩礼，参加了集体婚礼。后来她的女儿长到1岁多时，许玉英在二垅坑训练，把女儿带到训练场，地上铺块厚布，让女儿坐在厚布上，自己坚持训练。她到温州参加比赛，专门请人帮忙照看女儿。妹妹许玉凤一心扑在连队里，放弃了赤脚医生的工作。我们三姐妹在女子连里，先后加入共青团。许玉英、许玉凤曾被评为先进民兵、优秀团员。我们三姐妹都说："想起过去我们的艰苦努力，看到现在这面旗帜高高飘扬，我们感到自豪，感到骄傲！"

陈海鸥　徐　彬　郑元考　记录整理

绿色的记忆

王翠香，1963 年 10 月出生，洞头先锋女子民兵连第三任指导员，现在北岙街道办事处工作。1988 年被温州市评为“拥军模范”；1991 年被温州市评为“十佳新女性”；1992 年被浙江省委授予“民兵工作标兵”的称号，被中华全国妇联评为“三八红旗手”，当选为浙江省第八届人大代表；1993 年被全国妇联授予“新时期拥军女模范”的称号，荣立个人三等功一次，被浙江省评为“青年突击手”；1998 年当选为浙江省第九届人大代表；2000 年被温州市委市政府评为先进个人，被南京军区评为“十佳专武干部”；2003 年当选为第十届全国人大代表。

回想当初，能参加女子连，后来还担任了连队指导员，我感到很幸运。我始终不忘领导的培养、姐妹们对我的支持，刻苦训练、努力工作、勇挑担子，与大家一起扛起这面红旗，不断取得新的成绩。

刻苦训练当好兵

1963 年 10 月，我出生在北沙乡桐桥村。1978 年 6 月参加洞头先锋女子民兵连，曾担任过文书、军械员、卫生员、班长、排长、指导员等职务，在连队工作了整整 30 年。1994 年 6 月在各级领导的关心下，我转为国家公务员，成了一名女专武干部，兼任北沙乡人武部干事，主管女子民兵连。1998 年我担任乡人武部副部长，到了2002年撤乡并镇后，在北岙镇人武部任副部长，还是主管女子民兵连。至2009年底转岗，我在人武干部职位上干了16年。

1978年的夏天，我刚初中毕业不久，女子连指导员陈玉兰来到了我的家，热心地问我要不要参加女子连。我没有回答，其实我还是想在学校读书，读书是我梦寐以求的事，我的母亲却非常乐意，连声代我回答："怎么不想呢？当女民兵好哩！你要是不来，我还要送她去呢！"我的妈妈是女子连出来的老民兵，当兵的岁月是她一生中最值得骄傲的历史，时常向我们讲起，也希望她的女儿能接过她手中的钢枪，为守卫海岛做贡献。就这样，年仅16岁的我成了女子连的一名战士。

1978年6月，女子连一年一度的整组开始了，按照惯例每年在整组时都有老兵出队新兵入伍，我也参加了整组大会。在会上，老指导员宣布了班、排人员名单，我被任命为文书兼卫生员，当时我很高兴我当新兵就有这样的待遇。指导员对我很好。我家离部队很近，女子连连部设在部队的会议室，平时和部队一块学习、训练。训练科目很多，有队列、刺杀射击、夜间射击训练和投弹、游泳。

当时，洞头一些群众还有封建思想，讥笑女孩子下海游泳不像样。为了战备的需要，老指导员领着我们顶着种种压力，打破旧风俗，涨潮时全连70多人到大王殿的海滩上游泳，退潮时在家训练。每当去游泳时，村里一些群众看我们穿着短裤，指指划划把我们说得很不好意思，但时间长了慢慢习惯了。游泳训练了两个多月，我最后的考核成绩是一次性连续游到2000米。连队中的陈冬香考核成绩是10200米，被称为"东海小炮艇"。

陆上军事训练也很艰苦。我们顶着烈日，迎着风雨，没日没夜地摸爬滚打。为了掌握过硬的军事本领，我总是比别人多花时间，更刻苦地投入训练，甚至在半夜里起来，苦练压子弹动作，练得手指流血、指甲撕裂，但我都咬紧牙关坚持下来。有一次，全县开展一个大型的民兵拉练式活动，检验民兵的综合素质，即在关键时刻是否能拉得出、打得响，女民兵也要和男民兵比。为了搞好这次活动，我们提前进行训练。当时训练的条件很差，住在许玉莲家，在一楼打地铺，可大家心情很好，士气很高，思想很单纯，想着只要不输给男民兵就行，条件差一点都没关系。一个月训练下来大家明显瘦了，可军政素质提高了，在活动中取得了好成绩。

在各项训练中我接受能力较强，学刺杀等科目时掌握的速度也快，但性情也急。有个同志老学不会，影响了我们全班成绩，我们都很生气。当时全连经常为首长表演刺杀科目，因她个头和我差不多就站在我旁边，在表演中老忘记了动作，真是把我气坏了，因此我经常有事无事找她发火。我现在想起来，觉得真不好意思。连队组织尖子班的老兵为我们表演做示范动作，我们新兵最高兴，一可以看表演，二可以休息。尖子班的同志训练有素，动作整齐，是女子连的门面。每次首长来表演，她们总是站在第一排，她们整齐的动作赢得了首长的阵阵掌声。后来我也被选进尖子班，成了连队的骨干，我很开心。

平时，我们也有战备任务，主要是进坑道、查地形、上渔船、到车站巡逻放哨、配合部队和公安部门抓破坏分子。有一次，有个坏人破坏军事坑道，我们守了三天三夜终于将其擒获。

连队是个温馨的家

平时女民兵把连队当成家，把子弟兵当成亲人，每当老兵退伍或新兵入伍时，我们总是一起联欢，欢送(迎)他(她)们并送上慰问品作为纪念。在军民联防中，我们经常为部队做好事：洗衣、洗被、打扫卫生、缝被子、打猪草、抬煤、除菜地，为部队种“拥军菜”，把菜送到部队去，还给部队帮厨。部队很关心女子连的建设，每当放电影时，总是把好的位置留给我们全连坐，还成立了军民演唱组。当时洞头岛有一个团的兵，在春节等节假日期间下基层部队演出，我是其中一员。节目是利用好人好事进行自编自演，还有几个节目到过北京为首长表演，其中有一个“两老汉夸女子连”得到各级首长的表扬。我平时参加排节目很用功，老指导员很看重我，她一到部队就会叫我过去。我总是随叫随到，很少帮家里做事，衣来伸手饭来张口，妈妈都不会怪我，她很支持我的工作，总说小姑娘要勤快点，要多为连队做点事。

女子连当时有80多人，联欢表演时，我还要承担独唱任务。站在台上独唱时，面对100多人时，有时我会很害怕，心里像十五个吊桶打水——七上八下，后来就习惯了。有一次南京军区歌舞团来为部队与女子连表演，我们也表演了节目，当时我独唱了一首。“满山白雪映红霞，贵客来到我们家，请喝一杯酥油茶……”这首歌在那个场合唱很有意义，很好听。军区首长和演员们听了很高兴，还专门和我合影留念，后来这首歌女子连和驻军六连官兵都学会唱了。

连队还参加巡海查滩、站岗放哨、野外拉练等各项活动。

我很感谢老指导员对我的培养和爱护，我当新兵不久，她给我创造机会去杭州开会。当时的女孩子很少出远门，想去温州也没机会，那时连队有一个名额去开会，本应该是连队干部去的，指导员就把这个名额让出来，让全连同志投票选出3人到杭参加会议。我得票最高，那年和军分区领导到杭州嘉兴开会，我只有17岁，会议期间我们被安排到桐乡参观学习，首长买茶叶蛋给我吃，还说我和他们在一起就是小孩子。会议结束后，分区首长问我去过上海没有，我说没有，他还特意安排一位科长带我去玩。那时我看到了大都市真是大开眼界，楼很高，路很宽，灯很亮。这是我第一次出远门，我就成为全连女孩子中最幸运的人了。回来后我也传达了会议精神，不久我又代表连队去乐清参加军械员培训，还到了别的地方参观学习。

挑起重担不松劲

1984年,我的孩子出生不久,指导员找我谈话,要我来接她的班。军分区领导非常重视这次整组工作,司令员李前峰亲自带工作组来为女子连挑选新的领导干部,当时我真没想到指导员的人选是我,我好害怕:我的年龄和同志们一样大,什么都不懂,又刚生过小孩,怎么可能挑得起这么重的担子,领导多次上门来做我工作,李司令还带着工作组的同志和村书记来到了家中,我很感动。可我真没想到我在指导员的位置上一干就是23年。刚上来时,我经常到老指导员家中向她请教,向她汇报工作情况,指导员对我很有信心,一直在鼓励支持我。

连队整组后,我马上抓训练,只好把刚出生的儿子交给他姑姑,他姑家在柴岙村,离训练场很远,我每天来回给他喂奶是真辛苦,有时赶得气都接不上。1986年,接到上级通知全县要开展军警民比武,并要求女子连民兵参加,当时连队刚进一些新兵,技术差,比不上正规部队,我感到压力很大,后来挑选10多名基础好的女民兵专门进行20天封闭训练。训练开始时,母亲就陪着我,带着儿子住到训练基地,全家人全力支持我。通过刻苦的训练,在最后的比武中,同志们发挥得很好。我们取得了总分第一名和个人前三名的好成绩。

比武结束后,在训练场的姐妹们抱成一团很高兴,大家说:"这次得第一名,真是大丰收了,部队和武警都输给我们。"部队领导当场就批评了他们,我站在那里也为他们难过。那天观看的首长和群众很多,党政军的领导接见了女民兵,对我们取得了好成绩表示祝贺,鼓励全连同志要再接再厉更上一层楼。通过这次的比武,群众在思想上有新的转变,对我们也另眼相看了,对连队的工作也给予了支持,特别是每年整组时有好多群众支持女儿参加连队,还有的母亲亲自把女儿送来。

1986年底,在各级领导的关心下,我们以连队的名义办起了编织袋布厂，承包方是双龙村人，我在厂后勤部门工作了两年时间。我们在厂房门口二龙坑部队菜地上挖了3个鱼塘专门养鱼，专门到温州购买鱼苗，但最后也没好收成，主要是因为养鱼没有经验，但也使我们增长了一些生产知识。

学习英雄好榜样

1987年，我当选为县人大代表，各级领导对连队的工作给予了关心和重视。8月，我代表全连到北京出席了全军英雄模范代表会议，受到了邓小平同志的亲切接见。我在会议期间认识了很多代表，特别是从越南前线回来的英雄们，其中有的人因战斗负伤成了残疾。我还亲眼看见了有的姑娘崇拜英雄，不管他们怎么残疾也嫁给了他。到现在我还记住一位英雄的名字是曾亚平，他在战斗中失去了双腿，有个姑娘一直陪伴在他身边，照顾他生活起居，我们都很敬佩她。在京西宾馆还见到了电影《狼牙山五壮士》中的一个英雄原型，他是个幸存者，我还和他说了话。在那样的场合，我感到和英雄相比，我的这点辛苦算得了什么。我和在北京一起开会的代表，在会议期间关系很好，有10多位到现在还是好朋友，如上海的老大姐陶依嘉，杭州的老团长叶国良，安吉武警队长夏兴华等，到现在我们还经常联系，成了一生当中的好朋友。还有好多代表，因当时通讯落后断了联系，可我会永远记住她们。

从北京回来后我到了温州军分区、海军部队传达会议精神，在洞头也传达了好几次。我记得在雷达所传达结束后，同志们都很客气来敬酒。后来经常有党政军领导来视察连队，我总是做好各项准备工作。有一次接到县人武部通知，省军区首长要来检查连队二类哨所，我们把哨所所有的设备搬到北烟台山哨所上，晚上怕东西丢了，我带三名同志上哨值班，到了第三天首长才来。洞头是海防前线，地理位置十分重要，我们要经常上哨观察海面动静，如发现可疑船只要及时上报。后来，省军区组织哨长到舟山培训，点名要我参加舟山雷达所为期10天的培训，在山上，远离大陆，交通不便，生活很艰苦。当时来自全省不同的地方有20多人。山上的生活实在是苦，连个小店都没有。每天早上买菜和生活用品，部队的事务长会来登记统一买，还要坐船到沈家门去，很不方便。温州地区几个小伙子想喝酒，老来劝我装病，要把我送下山替他们买酒，我劝他们不要这么干。在那里我年纪最大，他们都亲切地叫我老大姐。休息时我总是坐在山坡上看雷达所的兵放牛、搞生产，除了看好雷达之外，这些也是他们的任务。在那地方子弟兵的精神真可贵，他们远离都市，远离家乡，来到了这么艰苦的地方一待就是几年。这真是像《战士第二个故乡》所唱的“云雾满山飘，海水绕海礁”一样。这首歌就是这里真实的写照，也唱出了战士的心声。

连队的工作得到了领导的认可。1997年应总政和青海海尔集团的邀请，我到南京参加“海尔伴你守国门”活动，我代表全国民兵发了言。第二次是我参加了南京军区召开的东海民兵30周年活动，也发了言。第三次是我参加了南京军区召开的表彰大会，我个人被评为“十佳专武干部”。还有一次我和老连长、分区副司令到连云港参加从洞头调防到这里的老六连30周年活动。女子连当时就是和六连联防的。那里也有个纪念馆，有好多和女子连联防的照片，我在会上也发了言。

新时期做出新贡献

我在任职期间，带领全连积极参加县里的各项大型活动，配合公安部门维护社会治安。为建设“五岛连桥工程”，全连捐款31万余元。连队官兵积极说服家人、亲友破除迷信，带头迁坟，为洞头净化环境做努力。在温州市首届旅游形象大使活动中，女民兵进行了盾牌警棍术的表演。我还发挥连队宣传队的作用，上大街、下村巷，进行国防教育和爱国主义教育宣传，多次为学生和企业员工军训，积极参加中央电视台《乡村大世界——走进洞头》节目拍摄活动，与驻岛官兵一起参加“慈善一日捐”活动，多次参加抗台抢险活动。我觉得这些都是我们应该做的。

1992 年，军分区开展军事大比武，各县人武部组织的参训人员都是基层很优秀的民兵，女子连只有我和方秋芬两人参加。比武地点在军分区西山训练场，应用射击对抗赛是采用卧姿、跪姿、立姿的姿势，对距离不同的目标进行射击。不仅抢时间，更要打得准。我们和瑞安队比，比到最后两个队各自留一个靶子，留一发子弹。洞头队只留我一发子弹，采用站立姿势射击。我比瑞安队早几秒钟打了下来，洞头队获胜。大家都说是女子连指导员把最后一个靶打下来的，这件事使我名气变大了。洞头队也因此获胜了。

1995 年 5 月 4 日，国防部部长迟浩田来连队视察，还要观看我们军事表演。那天下着大雨，刮着大风，可把我急坏了。我想今天天气这么差，首长怎么能来呢？后来我接到按原计划进行的通知。女子连全体官兵迅速到达训练场，迟浩田将军和南京军区、浙江省和温州市的党政军一些领导都上了观望台，风大雨大给射击带来了一定的难度，可女民兵们克服了种种困难，一枪一个靶子，她们过硬的军事技术赢得了阵阵掌声。姑娘们湿透了，全身都是泥巴，迟副主席看了也感动，连雨伞也不撑，就站在那里看着女民兵的表演。表演结束后，首长接见了全连同志，他高兴地说：“英雄连队，后继有人。”后来，迟浩田将军带着夫人来到杭州视察工作，还专门邀请我和老连长到浙江省军区与他们见面，我也把连队的工作向首长做了个简要汇报。后来还谈到女子连建连 40 周年的事情，他听了很高兴并和我们合影留念，还当场为 40 周年题词：“传统代代相传，战旗今朝更好”。

2003 年，我当选为第十届全国人大代表，心情非常激动，我连做梦也没想到这辈子还有这么好的运气。当年 2 月 28 日我到省里培训，3 月 5 日我到北京参加第十届全国人大一次会议，我走进人民大会堂，心里说不出的高兴。会议期间每天都有记者采访，我还要准备议案和发言稿，天天都很忙。2005 年 3 月 6 日我又出席第十届全国人大三次会议。那天，胡锦涛主席来到了我们浙江代表团和代表一起审议报告，还和代表合影留念。我站在第二排，就在胡主席身后，我和浙江代表团的记者说好镜头一定要拍好。因为当时有记者几十人，他们站在后面没办法拍到，后来听说是新华社记者拍下我的照片，我通过省里的记者把照片找了回来。我和胡主席握手这张照片成了我的传家宝，市里、县里、女子连纪念馆都有这张照片。

我是洞头县第二个当上全国人大代表的人，老连长是第一个，我总感到党和人民给我的太多了，我一定要努力工作，为人民服务，无愧于人民代表的荣誉称号。北岙镇东郊村的庄杰艳做鱼粉生意，货发到河南省的一家公司，还打了官司，最后法院判决庄杰艳赢。后来他每年都到河南讨钱，但十几年了就拿不到一分钱。有一天，他来到我的办公室，把事情经过讲给我听，还把法院判决书和一些材料给我看了，我觉得这是地方存在保护主义，就把材料收下来了。后来我在参加全国人大二次会议，审议高院提出的报告时，高院派了专人来听，我就提出这件事，并把材料交给高院同志。只过了 20 天，高院同志来电要我把庄杰艳的账号给他，没过几天第一批款就到了。庄杰艳很高兴，送来一个牌子上面写着："人民代表为人民，伸张正义扬英名"，电视台记者也来采访，把我搞得不好意思。这件事轰动了全县，群众说我能办事，找我办事的人越来越多。我想：认真履行代表的职责，积极为民办事，这都是我应该做的。我是个渔家姑娘，是在女子民兵连里锻炼成长的，是党和人民培养了我，还把我转为一名国家干部，我这辈子都要感谢女子连。没有女子连就没有我的一切，没有我的今天。那套绿色的军服是我终生的向往，我真诚地希望这面旗帜永远飘扬，代代相传。

陈海鸥　徐　彬　记录整理

光荣的连队培养出优秀的战士

杨海英，1969年6月出生，洞头先锋女子民兵连第五任连长，浙江省第十一次党代会代表，2002年被授予省“三八红旗手”的称号，温州市第十届人大代表。现任洞头县东屏街道人武部副部长。

我出生在北沙乡一个普通的渔民之家。从小，我就听说过有关女子连老民兵的故事，对女子连怀着敬慕和向往之情，总觉得能够加入女子连，是件很光荣的事。加入女子连后才知道，在这支连队里，不仅仅是光荣的，更重要的是能磨炼人，考验人，培养人。我就是在这支连队里锻炼成长起来的。

我爱这支英雄的连队

我17岁那年，被选入女子连尖子班。一进尖子班，事情就忙多了，训练、表演、学习，任务一个接一个，忙得我无法顾及家里的事。有一次，正是县军警民联合比赛，连里让我做开幕射击表演，可就在这时候，我哥哥的船收网回来了，望着海滩上一大堆虾，我进退两难。想到哥哥没日没夜地劳作，我真想好好帮他一把，但连队临时抽人不方便，我心里又惴惴不安。最后，我牙一咬，心一横，丢下了那堆虾，直奔比赛场。当我跑到比赛场上时，大家就只在等我了。赛场上空飘着三个粉红色的气球，吊着三幅长长的标语，在海风的吹动下，飘飘扬扬。我二话没说，操起枪，一声令下，与两个姐妹同时开枪射击，3 个气球应声爆破，比赛场上响起了阵阵掌声。然而，比赛完毕，当我回到家里时，那一堆辛辛苦苦捕来的芒虾已经发臭，一阵阵的臭味刺激着我的鼻腔，揪着我的心。

1987 年，我正求艺学缝纫，县里又要举行军警民联合比赛，说真的，一提起女子连，一提起训练、比赛，我的心就产生了莫名的兴奋。然而，学一门手艺，学一点谋生之道，以后才好在社会上立足，况且这个缝纫师傅待我也不薄，就这样离开他，的确说不过去。过了很久，我终于问师傅怎么办。可师傅说："只要你还认我这个师傅，你就别去，老老实实地学一门手艺。你去了，就别再认我这个师傅！"师傅的话说得很重，我知道他是为我着想，但是，我太向往这支连队了。连队的女民兵没有任何报酬，只有付出，可还是有那么多的人不顾一切地投身于这支连队。这种情愫，也许只有那些在女子连待过的人才能体味得出。犹豫再三，我还是回到了女子连。

1992 年的一天凌晨 4 点，一个急促的电话把我叫醒了。原来，独自在家里的父亲突发急病。那时，因要参加温州军分区的民兵军事比武，我们都住在训练场参加军训，我赶紧叫上同在连队参训的妹妹急忙赶回家。把父亲送往医院，办了住院手续，我喂父亲服了药，父亲暂时安定了下来。这时，出操的时间也快到了，我心急如焚。当时我已是连长，一班人需要我，我不能迟到。即使是我的妹妹，作为骨干，也不能迟到。我们只好把父亲托付给同病房的病人家属暂时照顾，同时通知姑姑到医院来。在跨出父亲病房的那一瞬间，我不忍心再回头看一眼病床上脸色苍白的父亲。3 天后，父亲病情加重需转院到温州治疗，我无法陪同前往，只能送父亲上船。返回集训地后，我暗暗地下决心：我一定要把集训工作抓好，抓出成绩，用它来作为对父亲的一种报答。又过了几天，我到温州雪山基地做进一步的训练。那个时候，我的父亲还在温州住院治疗。我几次想下山去看望，但每次连队总是有这样或那样的事拖着我，脱不了身。在雪山基地的7天里，我都没有下山去探望老父。为此，我不知偷偷流了几回泪。直到比武结束，我才和妹妹赶往医院，把获胜的好消息告诉父亲。每次回想起这件事，我都觉得愧对父亲，但每次我都坚定地认为自己的做法是对的。“自古忠孝难两全”啊！

1995年，我已经有了一个4岁的儿子。因当了连长，女子连的事特别多，到了军训时，我更无法顾及他。我只得把儿子送到幼儿园。清晨5点钟就得出操，孩子也陪着起床，匆匆把他送到幼儿园，幼儿园的大门还没开，只好将他一人留在大门口，饥一餐，饿一顿。幼儿园在北岙菜市场，人多声杂，万一孩子走失，那是后悔一辈子的事。下午3点半，又得去接孩子。说实话，有时真是人在训练场上，心在儿子身上。

有一天，训练延迟到下午5点半，我急忙赶到幼儿园时，只见孩子被老师抱在怀里。老师一见我就说：“孩子生病了，发烧得厉害，快送医院！”老师帮我把孩子抱到医院，又替我挂了急诊号，付了药费。医生给孩子检查了以后，狠狠地骂了一句：“这是怎么搞的！孩子发烧41℃！再迟点送来就麻烦了！”孩子被送去输液了，还不容我喘口气，护士大叫了起来：“谁是杨海英？孩子危险！”这一夜我没合眼，怔怔地坐在孩子的病床边，眼泪簌簌地流个不止。第二天，把孩子托给同病房的一位不相识的大姐照看，又跑到训练场去了。没办法啊，连队更需要我！

为了女子连，我亏欠了孩子，亏欠了家庭，心里是内疚的，是有愧的。但这支连队给了我坚强，给了我勇气，也给了我做人的知识。正是因为这点，我不仅爱自己的孩子，爱自己的家庭，也爱我们的英雄连队。

英雄连队后继有人

1995年5月4日，国防部部长迟浩田上将、南京军区司令员固辉上将、浙江省副省长刘锡荣等军地领导来到洞头视察，还要观看连队军事表演。

那天，天下起了大雨，我的心像吊桶打水似的七上八下，对女兵们的射击本领，我很有信心。满地泥泞，我也知道姑娘们会毫不犹豫地卧倒滚爬。但是，这雨，这倾盆大雨，会大大影响她们的视线。万一失败了，那……我不敢再往下想。

按计划，连队32名女民兵分四组登场表演，每组8人。没想到，只听首长一声令下"开始"，第一组女民兵已经迅速卧地举枪，"叭叭叭……"随着一声声枪响，半空中，一只只在雨中飘曳的气球下吊着的啤酒瓶一瞬间化为碎片，我的心里也好像一块石头落了地。

紧接着，第二组队员持枪登场，对100米胸环靶实施精度射击。一阵枪响过后，成绩出来了：10发子弹平均95环，优秀率达百分之百。观摩台上顿时响起了阵阵热烈的掌声。

但更为艰难的还在后面。雨，越下越大。第三组队员扛着四挺重机枪上场了。她们动作麻利，训练有素，枪体一架正对着目标，两脚一踩稳固住枪身，每组几个连射就让30发子弹飞出枪膛。我们以平均280环的成绩创造了连队射击的新纪录。

更精彩的还在后头，只见靶场上挂满了直径16厘米的碟子。要在百米以外射中碟心，其难度可想而知。第四组队员不慌不忙，迅速展开队形。随着一声令下，"噗"，卧倒如绿浪翻滚；"砰"，出枪如神弓出箭。枪响碟碎，干净利落，我的心里无比的激动和喜悦。射击完毕，女民兵浑身上下全是雨水、汗水和泥巴。风雨中，当我领着连队战士们走向观摩台向首长汇报时，迟浩田部长赶紧走下观望台，准备和女民兵们握手时，大家赶紧把沾满泥、湿漉漉的双手擦干才敢伸出手和他握手。当迟部长来到我面前，他紧紧握着我的手大声说："英雄连队，后继有人。"

新时期再创新辉煌

洞头先锋女子民兵连是一支光荣的连队，英雄的连队。在新的时期,我们决心继续保持和发扬优良传统,让这面战旗今朝更红。

首先,我们要不断加强对女民兵的政治思想教育。新的时期,女民兵的思想会出现新的问题,女民兵的队伍也会有新的变化。现在这些女孩,父母都视为掌上明珠,在家里备受娇宠。她们可爱但又任性,有时很执着,有时很脆弱。有一次,两个姑娘因为小事而斗嘴,其中一位还动了手。这在女子连几十年的历史上是没有的。我十分恼火,立即对那个动手的女孩进行批评,还要她在连队大会上进行反思,写出书面检讨。同时,我又私下与她进行细谈,谈连队的光荣史,谈民兵的纪律性,谈社会的和谐,谈人与人间的亲情,讲了很多,终于使女孩子认识到了自己的错误。在后来的生活中,她有了很大长进,还苦练军事技能,成为连队骨干。正由于我们在连队管理中既严又慈,帮助女民兵们解决了一个又一个思想问题,才使这支连队始终做到团结奋斗,战旗高昂。

我们还积极参加构建和谐社会活动,带头讲文明树新风,到乡村、码头、大街上、海滩上开展各项宣传教育活动,经常到北沙敬老院做好事,为老人们缝补洗涤,打扫卫生……在抢险救灾中,我们充分发挥了突击队、战斗队的作用。1994 年 8 月 21 日,洞头刮起了台风,风力在 12 级以上,还下起了暴雨,雨点都像豆子大。我和指导员王翠香迅速集合队员,向抢险地点——后海(九厅)对虾塘出发。从二垅岭到九厅,是一段斜坡,地势开阔,台风在这里更是猛吹猛刮。我们连侧着身走也很困难,只要一抬脚,便被狂风刮退好几步。经过艰难的跋涉,终于到了堤塘,我们连口气也顾不上喘,就投入了加固堤塘的战斗中。我们的任务是把石子、沙装进编织袋,让男同志抬到堤塘上去加高加固。这个任务并不轻松,猛烈的大风中,我们像一片片浮萍,只觉得随时会腾空而起。豆大的雨点砸在脸上、背上,让人又痛又麻。风雨中,我们艰难地举起了一铲铲石子。铲石子很费力,用力一铲，只能铲起一小铲。刚一抬手，又被大风吹掀了，吹掀了再铲，大家都奋不顾身，顶着风、冒着雨，麻利地装好沙袋，坚持完成任务。在这场抗台中，女子连没有一个人请假，没有一个人退缩。这一年，女子连和我都分别被温州市委市政府、军分区评为“抗灾抢险先进集体”和“抗灾抢险先进个人”。

在新的时期，我们继承和发扬了连队军民联防的优良传统，主动与驻岛部队结队共建，协助部队做好战士思想工作。逢年过节，我们都到部队慰问官兵，帮助洗衣洗被，被誉为战士们的好姐妹。部队也经常来人，帮我们开展军事训练、政治学习，为我们连队培养更多的优秀战士而努力。

陈海鸥　徐　彬　记录整理

英雄战士　时代先锋

王伽伽，1983年7月出生，洞头先锋女子民兵连第六任连长，现任温州市团委副书记。

2007年11月27日，对于我来说是个非常特殊的日子，也可以说是我人生的一个转折点。因为这一天，我离开了公安队伍，到了洞头先锋女子民兵连当连长。此后，我和女子连、和洞头的海防事业结下了不解之缘。2009年9月，我被任命为团县委副书记，但还兼任女子连连长。2012年2月，组织上考虑到我担任团县委书记后工作任务重，同时也为了健全和加强女子连的组织领导，我才不再兼任连长职务。虽然在女子连只有5年，但这段经历却使我终生难忘。

初到女子连

我到女子连当连长，得益于洞头县县委和温州军分区对女子连发展的重视。2007年，温州军分区新来了一位司令员，他对女子连的建设提出了新要求，指出了女子连当时的两位主官一是年龄较大，二是在连队的时间也比较长，希望为连队注入新鲜血液。后经县委研究后决定对连队进行重组，女子连的连长从公务员队伍里面选，按农村指导员下派的形式在连队任职，指导员由连队内部培养。当时，我已在公安队伍上班，经历过准军事化训练，组织上把我列为较佳人选。我的父亲是一名军人，我的身上流淌着军人的血液，所以能穿上一身“橄榄绿”是我的梦想，也是父亲的骄傲。所以，我和连队就这样双向选择了对方。

到女子连上任的那一天，我由公安局政治处主任送到人武部。两行女民兵在人武部门前列队欢迎，还给我送上了鲜花，格外的热情。这让刚参加公安工作才3年，年仅25岁的我有些难为情。在会议室里，当时的人武部部长尤业先很高兴地接待了我们，他表示会关心、呵护、培养好我，第一任连长汪月霞也在场，她语重心长地告诉我，连队成长到今天不容易，叫我要当好这个连长，把连队带好。我觉得她就像一位老奶奶，非常亲切、非常朴实。我在心里暗下决心，不能辜负老连长的期望，不能辜负组织上对我的信任，一定要好好干。

女子连的连部位于人武部前面一点的矮坡平地上，由两间迷彩的房子组成，前面有个小操场，也就一百平方米左右，可以用来做训练场地。房子里有十几个小姑娘，年龄都在20岁上下。她们比我早来连队近一个月时间，这一个月时间里，她们都在进行紧张的训练。对于我这个外来的连长，她们还是比较好奇的。在我进办公室后，她们就在背后偷偷地议论。外面有个大房间是女民兵休息和办公的地方，里面是连长和指导员的办公室。指导员施丽萍长得浓眉大眼，块头也大，为人很和善。在后来的五年时间里，我们俩搭档得都非常愉快。也是在后来的五年里，我们俩携手为女子连的建设和海霞精神的弘扬、海霞文化的传播共同努力奋斗。

组建骨干排

民兵民兵，平时是民，战时是兵。我们连队一个连的编制是85人，但基本上是在编不在岗，有集训任务时才集中起来进行训练，平时都是在各自的工作岗位上。自2007年11月份整组后，县里出了个会议纪要，要我们组建一个24人的骨干排，骨干排里的民兵是以合同制的形式成为专职民兵在连部上班。我到连队的时候，连队才十六七个人，把她们都编入骨干排还不够，急需继续招募。开始招募时，许多女孩子都来报名应征，给我印象最深的是一个叫许小飞的女孩子。第一眼见她，就觉得眼前一亮，长得很漂亮，很青春，齐耳短发，眼睛很大。她是幼师毕业的，后来当了一段时间的导游。问及她为什么选择到女子连，她眼睛闪闪的，充满着憧憬地说："早就听说女子连是一支光荣的连队，我一直向往着加入这支连队，穿一身绿色的军装，现在有机会就来试一试了。"我想，很多女孩子来参加女子连时，可能都是抱着这种想法：怀着仰慕女子连之心。但真正了解女子连发展的艰难历程，理解女子连"爱岛尚武、励志奉献"的海霞精神却不多，经历那些艰苦历练之后，她们能坚持多久？于是，指导员施丽萍会经常给大家上思想政治课，讲讲以前女民兵的故事。老连长汪月霞和老指导员陈玉兰，有空的时候也会到连队来，为新民兵们上课，讲传统，讲历史，让女民兵们能更好地理解和传承女子连的精神，更好地为保卫海岛、建设海岛做贡献。

老连长汪月霞到连队进行传统教育

互帮又互学

刚到连队的那段时间，军事训练是每天的必修课。人武部请来驻岛部队海防一连的几个军事素质较好的战士，帮助我们进行军事训练。开始是最简单却也是最枯燥的队列训练，每天都是稍息、立正、向右转，一练就是几个小时。这帮小姑娘，不，应该说是这帮女民兵倒也是非常认真地去学习和练习。有个小姑娘，叫陈海丽，年龄很小，却是个老民兵了，很单纯简单，人长得也很水灵，但就是动作总是不协调，引用班长的话就是“笨笨的”。齐步走的时候，动作很不协调，引来其他女民兵的窃笑。一开始她很懊恼，懊恼自己“笨笨的”，后来，其他女民兵们笑得多了，她有点恼羞成怒了，赌气不参加训练了，站在一旁休息。经过指导员的开导后，她很快又投入到训练，还利用大家休息的时间，自学自练，慢慢地，动作比较规范了。像这样的例子很多，在训练过程当中，经常会有一些女民兵因为这个或者那个闹些小脾气，但这些小脾气又很快淹没在连队女民兵们的笑声和训练声中，像那首军旅歌曲《军中女孩》所唱的“军中女孩都有好强心，军中女孩也爱耍小脾气”那样。正是这些点点滴滴，让我们的女子连，让我们的海霞精神更接地气，更加鲜活，更加有血有肉，也正是这些点点滴滴，吸引着更多的女孩加入女子连。

文明树新风

连队集训时期，全连集中进行封闭式训练。非集训时期，就按上班的形式，每天训练两个小时，其他时间更多的是理论学习和事务性工作。在这些时间里，女民兵有的会绣十字绣，有的会看点书参加自考，有的会描眉画唇，有的学唱歌，有的学跳舞……生活真是缤纷多彩。生活中的女民兵跟训练场上判若两人。为了进一步加强连队的思想和文明建设,我和指导员商量,组织大家参与社会公益活动。

2008 年春节期间,一场重大冰冻雨雪灾害来临,全国的春运工作受到了严峻的考验。在这寒冷的日子,我们连队带着食品来到了温州火车站,慰问滞留的旅客和车站工作人员,为旅客提供搬运行李等便民服务。在回来的车上虽然一个个都很累,但姑娘们格外兴奋,争先恐后地在交流自己这一天做了些什么,还有心得体会。这次活动竟然意外收到了市、县多家媒体的关注,并被争相报道。之后,我们又到温州一家孤儿院,对一些残障弱智儿童进行了关爱和慰问。我们还在洞头县消防大队的协助支持下,成立了全省第一支女子民兵义务消防队,积极开展消防安全宣传等工作,为构建和谐社会努力工作。

苦练展英姿

2010 年是我们连队建连 50 周年。军分区和县委对这次建连 50 周年的活动非常重视,经过多次会议的研究讨论,最后决定召开女子连建连 50 周年纪念大会,修缮女子民兵连纪念馆。在这个纪念大会上,全市 11 个县市区都将组织民兵代表队汇聚洞头,进行一场民兵队伍的大检阅。而我们连队,要表演 3 个课目:盾牌警棍操、步枪射击和高炮射击。表演这 3 个课目要百人以上,而我们骨干排只有二十来个人,时间紧、人员少、任务重。当时我认为这几乎是不可能完成的,但正是通过这次纪念大会,我深刻体会到"不怕做不到,只怕想不到"的道理。在县领导重视和关心下,短短半个月左右的时间,集结了 120 多个适龄女青年加入我们女子连,参加我们为期三个半月的集训。她们当中有老民兵、大学生村干部,有小老板,有家庭主妇,有刚毕业的大学生,等等。有人提出质疑说:"让这样一群形形色色的,没有任何军事基础的姑娘们通过三个月的训练就成为训练有素的女民兵并参加军事表演,能行吗?”我也非常担心。作为连长,我更觉压力很大。

当年的3月份,我们这120多号人集中起来,由县人武部部长张冬友带队,统一前往温州军分区教导大队进行封闭式训练。教导大队坐落在瓯海很偏远的一个村,叫南堡村,外出交通很不方便。军分区为我们这次训练的后勤保障做了大量的工作。军分区将整栋教导大队的大楼腾空出来,供我们住宿,还在公用洗手间安装了几个热水器,方便女民兵们洗漱。我们一个连分为3个排,一个排又分为5个班。骨干排的女民兵们基本上都担任班排长,她们帮助指导其他女民兵训练。海防二连的几个班长担任军事训练教员。白天训练结束,晚上我和指导员轮流查哨。每隔两个小时要到每个寝室查铺查哨,确保每位女民兵都在位。这三个半月中发生了很多很多的事,当时很多媒体过来采访,也发现了很多的亮点。在这里,我也讲讲自己印象深刻的几件事。

有一次雨中打靶训练,那天天黑沉沉的,下着大暴雨,空中就像挂着水帘一样,水滴砸在水洼里溅起很大的水花。在那样的天气下,张冬友部长提出要射击班的女民兵进行射击训练,主要是考虑到在6月20日军事表演那天,以洞头夏天多变的天气,也很有可能会下雨。而下雨射击的技巧和晴天是不一样的,为了训练在雨中同样能取得好成绩,我们射击班9名女民兵在大暴雨中扛枪训练。当时,个别女民兵嘟着嘴,小声地抱怨着:“这不是折磨我们嘛!干吗非要在这么大的雨中训练啊,有病!”我们到营房仓库里抬出九块垫子,垫在泥土地上,趴在垫子上进行瞄靶和射击。在瞄靶的过程中,雨滴砸得我们睁不开眼睛,大雨淋湿了我们的衣服、帽子,全身上下里外全部湿透了。两轮射击完毕之后,我们几乎都成小泥人了。收队之前,我们还要将那几块垫子抬回仓库。我真没想到那几块垫子吸了水后变得沉甸甸的,要四名女民兵抓住四个角才能抬回去,而仓库距离射击靶场有好几百米的距离。我们几名女民兵一手扛着垫子，一手扛着枪，在细雨中边走边唱起了《打靶归来》："日落西山红霞飞，战士打靶把营归，把营归。胸前红花映彩霞，愉快的歌声满天飞。"声音铿锵有力，充满着激情、愉悦、朝气。在那一瞬间，我心里感到热乎乎的，深深地被眼前的那幅画面所感动。在那一刻，我真的深深地感受到我们女民兵的那份精神、那份执着、那份可亲可爱。当天晚上，我的心情久久不能平静。虽然平时她们也偶尔会偷偷懒，耍耍小个性，发发小脾气，但在关键时刻，她们还是能站得起、挺得住，拥有一股韧劲，个个英姿飒爽。我打心里佩服她们，她们是最可爱的人。

还有一件事情也让我深深地感受到我们这群女民兵不甘人后，不怕吃苦的精神。那天，南京军区的《东海民兵》杂志的一个摄影家来拍些我们训练生活的照片。因为前一天下过雨，水泥地上不平的地方还有一片片水。那位摄影师突发灵感，他对正在下口令指挥的我说："能不能挑出几个优秀点的，不怕吃苦的民兵，让她们站在这片水洼地上打套盾牌警棍操，这样的话，水花溅起来的镜头会非常有震撼力，非常有效果。"他说的比较大声，全体民兵都听到了。点谁呢？最后，我下了一个口令："向左转，齐步走，立定。"我选择了将整个方阵的女民兵全体移到这片水洼地上，重新打了一套盾牌警棍操。这时，全体女民兵的口号声格外响亮，精神也格外地振奋，照片也拍得非常成功。事后，看着那一张张的照片，她们的脚重重地砸在水洼地上溅起无数水花，闪烁着坚毅果敢的眼神等等，我感受到一股很强大的力量——那是凝聚力，那是战斗力。

我们连队有位女民兵，叫什么名字我现在已记不清楚了。她个子小小的，人长得黑黑的。刚生完孩子两个多月，就来参加我们的训练了。问她为什么，她说，因为她原来是连队骨干排的一名女民兵，后来因为结婚生孩子离开了连队，现在连队有重要任务，她觉得应该来。家里人也非常支持她，孩子由她婆婆带。

偶尔夜深人静的时候，她会看看手机里孩子的照片，偶尔会给家里人打打电话，当听到孩子的哭声时，她忍不住也会流下热泪。但擦干泪后，她又马上调整好心情，整装待发，投入到紧张的训练当中去了。

每当我想起这支连队，想起与姐妹们在一起的情景，我总感到舍不得，我觉得她们都是最可爱的人。

陈海鸥　徐　彬　记录整理

今朝“海霞”更风采

陈盈盈，1984年10月出生，洞头先锋女子民兵连连长。先后被评为温州十大优秀青年岗位能手、浙江省军区“十一五”期间民兵训练先进个人、浙江省青年岗位能手、南京军区百名优秀“四会”教练员、南京军区十大新闻人物、全国民兵工作先进个人、全国三八红旗手、全国妇女创先争优先进个人，荣立个人一等功1次。

洞头先锋女子民兵连是一支英雄的连队，是国防建设的一面旗帜，自从从前辈手中接过这面旗帜，我就下决心，要继承和发扬连队“爱国尚武，励志奉献”的海霞精神，和连队的战友们一起努力奋斗，在新的历史时期做出新成绩、新贡献，让这面旗帜高高飘扬、永远飘扬。

走进连队

2001年，我职高毕业后就加入了女子连。那时候，我刚毕业要去找工作，正好碰到女子连在招人，我打电话跟生活在北京的爸妈说了这件事，他们同意我去女子连，我就应召入伍了。在女子连期间，领导觉得“这小姑娘不错，身体素质也很不错”，于是在第二年，有一个当兵的名额，人武部就把这个名额给了我，我就去当了兵。我那时候在杭州，当的是通信兵。部队分配给我的是报务的工作。刚去那会儿，我不大习惯，因为通信兵对专业要求比较高,技术性强。报务需要抄很多码,我觉得自己做不好。后来,我打电话跟我爸说我觉得很困难,做不来这个。我爸说他也是通信兵出身,只要我熟练掌握抄码,多练习练习,贵在耐心坚持!后来,我慢慢熟悉了抄码,而且经常训练,也许遗传了爸爸的基因,我做通信兵的工作越来越得心应手。当兵的第二年,在上级组织的报务员大比武中,我获得了三个全能第一,这也算是功夫不负有心人吧。

两年后,我服役期满要退伍了。每年部队有老兵退伍时,杭州的各个单位都会到我们那里招收员工。由于我当时表现比较出色,杭州的某个电信公司想让我去他们那里上班,做接电话的话务员,一个月工资在 3000 元左右。对一个洞头的海岛姑娘来说,在那时候这工作待遇已经很不错了。这是个十分难得的机会,另外我也比较喜欢杭州,毕竟在那儿住了两年了,已经比较熟悉杭州的环境了,我觉得杭州比洞头发展空间要大,于是决定接受这份工作。就在我要去公司上班时,我接到了洞头县人武部一个领导的电话。他说:“现在女子连需要你,毕竟你也是女子连出身,也是因为女子连你才去当的兵……”挂了电话后,说实话我迟疑过,也纠结过。因为想到我退伍后好不容易找到工作,可是女子连培养了我,我才有机会去当兵,女子连对我的恩我不能忘。于是我就收拾东西回到了洞头。

回到洞头后,领导为了培养我,就先让我到人武部军事科保密室工作,主要负责接发信息等,是临时工,月薪只有 500 多元。后来因为有规定说这个工作只能由正式工来做,而我是临时工。于是,在 2006 年 5 月份,我就被调去做后勤工作。后勤工作比较杂乱,经常要打印资料、分发报纸等,有时候如果有上级领导过来视察或者召开会议,还要摆放水果、倒茶水,最后等他们都回去了才能下班。

到了 2007 年 10 月,女子连重新整组。人武部把我重新编入女子连。2010 年 6 月,刚好是女子连建连 50 周年,我和连队的姑娘们收到了射击科目汇报表演的任务。那时候，我们经常在太阳底下训练，如果下雨，训练也照常进行。有次我们在训练，过程中突然下起了大雨，刚好有电视台来拍摄，姑娘们还是一个个趴在地上继续训练。电视台记者看了之后直说："哇，你们真的好辛苦啊！"那时候虽然苦，但得到了领导的肯定，我们也是很开心的。

军营磨砺

2011 年 5 月，接到人武部的通知，说是为纪念"郭兴福教学法"创立 50 周年，争取上南京军区进行军事表演，要组织我们去温州集训。但到南京表演先要从市里、省里层层筛选表演人员。刚开始大家有很多顾虑：有的姑娘刚生完孩子不久，有的姑娘还在谈恋爱，去温州是封闭式训练，其他事就顾不上了。还有很多人担心，到时候训练得半死，去不了南京还是白费力。那时候我们的连长又刚好结婚怀孕了，指导员工作繁忙脱不开身，我作为副连长只得挑起担子，一边做思想工作，动员大家一边组织人员前往温州训练。一去到那儿，部长就丢了一叠很厚的 A4 纸给我，大概三四十页，写的全是训练要领，叫我马上背一背，过两天领导要来看我们训练，要照着背起来的教案说。我压力也很大，每天都很晚睡觉很早醒来，晚上都是坐在走廊的角落里拿着稿子在灯下背。早上 4 点多钟我就得起床，参加强化训练。我们排里，大多是外来媳妇，有安徽的、四川的，还有有了孩子的妈妈，她们心里的牵挂比较多，加上她们中有些人的年纪相对来说有些大，有些动作完成得不是特别好，要练好一个科目需要比别人多下功夫。那时候我也是捏把汗的，很担心姑娘们完成不了任务。但是，开弓没有回头箭，姑娘们就是有一股韧性，她们自觉性很高，感到自己有不会的或者做不好的，会在别人休息的时候继续训练，直到会了为止，也不用我去督促她们。这股韧劲真地让我很感动。当时我有一个男朋友，集训期间他发短信、打电话给我,也有去温州找过我,那时候的训练是封闭式的,我出不去。事后,他不理解我,跟我吵架,说为什么我一个临时工,工资那么少,却要做那么多,结果我和他就黄了。在温州参选的5只队伍里,在我们最后和其他排进行对抗赛时,我们的射击科目被军分区选上,成为市里唯一一支队伍去省里参选,大家都喜出望外。

省里参选队伍的训练场在宁波。去宁波训练,意味着连队中很多已经做妈妈的女民兵又要长时间见不到自己的孩子了,意味着我们的训练会更加辛苦。那时候又是夏天,天很热,我们都要顶着酷热的天气训练,一练就是一身汗,有时候会吃不消,但大家都坚持着。那时候主要训练精度射打目标、打钢靶板。有时候会碰到下雨天,姑娘们又来了例假,却还是趴在脏乱的地上训练两三个小时,身上都是青一块紫一块的。这期间县里的领导去慰问我们,我们都很感动。比赛那天,风很大,还没开始射击,风就把钢靶板吹翻过去,我们都很担心。进入比赛场地的时候,大家也都很紧张,但在我发出口令后,风好像突然就停了,真是很神奇。我们的科目表演得非常顺利。结果,我们受到了领导的高度肯定,又被选上了,可以去南京军区表演了。这个消息突然在省军区传开了,一夜间我们女子连变得很有名,都上新闻了。我跟姑娘们说:“你们看,现在我们出名了,洞头人民都知道我们又被选上了,你们的爸爸妈妈、老公,还有之前不同意你们训练的婆婆,肯定觉得你们为他们争光了。”

姑娘们乐开了花,又打包起行李背上包去往安徽三界的训练基地。一路上,大家坐在车上都唱着歌讲着笑话。在车慢慢开进三界山里的时候,姑娘们看到都是荒山野岭,没有商店、戏院,更没大宾馆,发现不对劲,马上紧张了起来,都在车上大喊:“这什么山坳坳啊?要载我们去哪儿啊?”一到住处,有两个姑娘马上就哭了。因为那儿什么都没有,没厕所、没热水、没空调、没网络……什么都没有,之前只有男兵在这训练过,他们上厕所可以随便一点，可是女兵就难了。接下的生活真的很苦，现在回想起来都不知道自己是怎么过来的。

训练的地方离住的地方有段距离。为了更好地训练，我们都得提早起床跟其他的队伍抢场地训练，尤其是跟我们相同课目的其他队伍抢，他们要是凌晨 4 点起床，我们就凌晨 3 点起床；他们要是凌晨 3 点起床，我们就深夜 2 点起床。反正我们就是要比他们先抢到训练场地。竞争对手的队伍里都是男兵，我们抢场地都抢到他们都怕了，觉得我们的行为和训练的强度根本就不像女生。我们的后勤姑娘们也是很辛苦的，每天都要拎很重的器械走一段很远的山路，为我们的训练准备工具。

在训练中，姑娘们也都个个咬牙坚持着。每天是一身泥灰一身汗，一身臭气一身疼。射击前飞扑地上的距离有 5 米，姑娘们常常擦得皮破血流。地面上又有很多鸡屎、牛粪、羊粪，再加上扑上去时飞起来的沙尘，可想而知我们的衣服，要多脏有多脏！而且我们那时候真的累得只要一喊停，姑娘不管脏不脏，全趴地上。有的姑娘还会中暑，需要靠刮痧来缓解。我们一起洗澡时都会看到胳膊上、腿上、侧腰上都有瘀青。身上有瘀青的姑娘，都会互相按摩，第二天训练会少点疼痛。每个姑娘只有两套训练服一双鞋。有时候训练完回去都很晚了，姑娘们又累又困，遇上雨天衣服又没办法晒，我们就在房间里拉起一条绳子，所有的人都把湿漉漉的衣服晾上去，第二天也顾不上卫生不卫生，还没干就穿上。训练鞋都开了大大小小的口子，每个人都晒得跟非洲难民似的，大家已经完全不顾及形象了……有时候，姑娘们也会自娱自乐打趣："黑黑有人追，白白被人甩！"我带去的一部笔记本电脑和一个无线上网卡成了唯一可以与外界沟通的工具，上网卡有兆数的限制，要是用完了就没有了，大家都很节约地使用它。那些有孩子的妈妈们，有时候只能通过几分钟的视频来看看他们的孩子。有时与家人通上电话，听到孩子叫妈妈的声音，却见不到孩子，她们会掉下眼泪。夏天蚊子很多，一到晚上睡觉时，蚊子老在耳朵边上嗡嗡响，吵得大家无法入睡，又叮得我们身上凸起一个个小肿包，我们只好把蚊香点在耳朵旁边。那里的飞蛾也是大得难以想象，有个姑娘最初见到飞蛾时还会大声尖叫，久而久之就司空见惯了，见到飞蛾飞停住了，就淡定地拿纸把它抓起来丢掉。姑娘们还会苦中作乐，把训练时拳打脚踢，睡觉时蚊子叮咬描述成“白天免费桑拿，晚上无偿献血”。

那时候，因为我是教员，白天和姑娘们一起训练，晚上还要改教案、备教案，到深夜 2 点才睡，早上 6 点起床开始训练。我一天就只睡大概 4 个小时，真的是累得不行，后来都练出“一坐下就能马上睡觉”的“本领”，无论往哪里坐着或者靠着，我都能马上睡着。短短 23 天的训练，我瘦了 17 斤。每天都要喊嗓子，嗓子哑了发炎了，我就跑去挂一瓶盐水消炎，第二天继续喊，喊哑了又去挂一瓶，直到医生劝我不要挂了，说挂得多了，我的身体会对青霉素产生抗体了。那时，我的神经常常都是像一根弦一样绷着的。有次在做射击示范时，我不小心被石头绊倒了，摔掉了牙齿都不知道，再加上要备教案常常筋疲力尽。有时，因为排里的事情，县人武部领导还要拿我训话。有一次我真的急了，气疯了，回宿舍立马收拾行李说：“我不干了！我要回家了！”没想到二十几个姑娘将我围在中间，一个劲儿地安慰我，叫我不要放弃，说如果我走了，她们不知道要怎么继续下去……那是我第一次被这么多人围绕着，我哭了，所有的姑娘们也跟着哭了，我们抱成一团哭，好像要把在这期间没处说的苦和委屈用泪来洗刷，用哭来倾诉。这反而使我感受到了集体的团结和温暖，觉得我们根本分不开了。艰苦使我们更坚强，困难使我们更团结。有次有几个姑娘因为水土不服，连着好几天上吐下泻，又加上感冒，人都快虚脱了，还是要坚持训练。看着她们这样，我真觉得既心酸又感动。有时候我担心她们吃不消，怕她们在最后的关头放弃，我会时不时试探一下她们，我说：“这种生活这么累，训练这么苦，受不了就算了，收拾收拾我们回去吧，不干了！"她们一个个马上说："不要啊，好不容易走到这里，现在放弃的话，之前的努力不是都白费了么？"她们回答得很坚定，我很欣慰，也放心了。

有次训练完休息时，突然看到手机上我妈给我发的短信，说我爸胃出血，很严重，需要做手术，让我马上去北京看看。看完后我整个人一下子就懵了，眼泪一直在眼睛里打转，强忍着泪水继续训练。那天训练结束后，在中午午休的时候，我很焦急又很矛盾，到了带队的县人武部张部长房间门口左右徘徊。到底要不要去请假？如果我请假去北京，那么姑娘们的训练就会被我耽误好几天，可是如果我不请假，只要一想到平时很支持我工作、很关心我的爸爸，就会很牵挂他的病情，我该怎么办？当时我真的很纠结，又想起这次训练任务很重，最后，我把话咽了回去，也都没跟姐妹们说起这事。到了那天晚上，我才偷偷跑出去给我妈打了个电话，说我去不了，让她好好照顾爸爸。我妈了解训练情况后很理解，反而叫我不要太担心，叫我安心训练。现在想想，对爸妈还是很愧疚的，毕竟在他们最需要我的时候，我都没能够在他们身边。到了最后选拔的时候，因为我们的刻苦训练，再加上观看席里我们的粉丝为我们呐喊助威，我们表演的"班用轻武器应用射击"全部首发命中，从3000个课目中脱颖而出，成为6个野外精品课目之一，到南京军区表演。

光荣回归

在南京表演结束后一下场，大家心里像有块石头落了地了。后来张部长告诉我，刚才在观看席上，有个首长看到我们女民兵队伍的时候，就问这是哪里的部队，那个教员是男的还是女的，声音听着像女的，可是表演的力度又像男的。当他们知道我们是海霞女民兵的时候，非常惊讶，也对我们表示了高度的肯定。我们辛苦的付出也换来了回报，我们集体立了一等功，我个人也立了一等功，但我觉得这个荣誉不是我一个人的，是大家的。

南京表演结束后，在从温州回到洞头的车上，大家都很兴奋，一路唱歌讲笑话。我告诉大家：“你们要准备好哦，到时候县里四套班子领导，你们的爸妈、老公、孩子、兄弟姐妹都会来迎接你们！”车子过了龙湾的灵昆大桥后，所有的姑娘迫不及待地站起来，左看看，右看看。因为大家都不知道自己的家人会在哪个地方等她们。就这样一路从灵昆大桥站回洞头，歌也唱了一路，终于到洞头的三盘大桥了，她们远远看到家人了。一下车，见到爸爸妈妈、公公婆婆，尤其是见到还抱在怀里的孩子，三个月的牵挂就好像在那一瞬间全都发泄出来了。所有的亲属都相拥而泣，场面很感人。现在，我也当了孩子的妈妈，更能体会当时姐妹们想念孩子的心情，我一天没见着孩子就会想他，何况她们是整整三个月没见到。因为我爸妈都在北京，所以我的阿姨来接我。我明明就站在阿姨面前，可阿姨却认不出我，当着面还打电话问我在哪里。我说我就在你面前啊，她说我晒得那么黑，认都认不出了，用洞头话讲就是晒得“黑得发金”，真的一点儿都不夸张。

回洞头后，洞头县县委、县人民政府还举行了隆重的欢迎仪式，并在新城二期场地举行“班用轻武器应用射击”教学课目演示汇报大会。省委常委、省军区政委林恺俊，副省长、温州市委书记陈德荣，省军区参谋长高幼苏，省军区副参谋长朱耀忠，温州军分区司令员蒋忠良，市委常委、温州军分区政委雷林，市委常委、副市长周少政等省、市党政军领导和洞头县四套班子领导都出席了本次活动。

省军区首长在大会上讲：“洞头先锋女子民兵连是一支闻名全国的光荣连队，在长达半个多世纪的漫长岁月里，一批批的渔家姑娘创业创新、奋发有为，铸就了‘爱岛尚武、励志奉献’的海霞精神。此次，在南京军区‘郭兴福教学法’创立 50 周年大会上，女民兵们向总部军区首长和各军级单位代表进行了‘轻武器应用射击'这一高难度课目演示,充分展示了女民兵的优良军事素质,也充分展示了浙江省军区大抓国防后备力量建设的丰硕成果,为浙江人民、为民兵预备役部队、为洞头父老乡亲增光添彩,赢得了荣誉,更为连队建设发展史上添了浓墨重彩的一笔。"

现在,我在女子连感到很光荣,更感到责任重。我下决心要把连队搞好。大家都是一起吃过苦的姐妹,是海霞精神把我们聚集在一起,我希望在工作上我们能互相尊重,在生活中她们依旧能把我当成好姐姐,是可以讲心事的对象,希望我们能一起努力把女子连的队伍壮大,把海霞精神传承下去,发扬下去。

陈海鸥　徐　彬　苏静静　记录整理

在连队我无怨无悔

施丽萍，1977 年 12 月出生，洞头女子民兵连指导员。2010 年被评为温州市“三八红旗手”、洞头县十佳杰出青年、2011 年被评为“全国三八红旗手”、2012 年被评为全省“民兵工作先进个人”、浙江省第十三次党代会代表。

我在女子连已有三十几个年头。回想这些年来，大家有苦也有乐。在训练时，那套正规化的军事演练，对这些二十岁左右的姑娘来说，不辛苦是不真实的，太阳把姑娘们的脸晒得黑不溜秋的，她们也是够委屈的。在连队的女民兵们确实需要一股精神、一股劲，否则也难进入女子连，就是进了也难长期坚持下去。

感恩进入女子连

我是 1995 年 3 月到女子连的，参加了女子连骨干射击队，射击队包括连长、指导员只有 18 个人左右。先前，我是预备役军校 92 班的唯一一个女学员，当时我们班有三十几个人。我曾参加过女子连的一些活动，后来女子连需要组建射击骨干排，就把我们班拉过去做射击演示，看了后就把我留在了女子连。

当年 12 月份，我又从女子连去部队当兵，1999 年底退伍回来。当时，连队不知道我回来，后来是乡里有个人在街上看到了我，和我打了下招呼。我对他说我还要回北京，因为我在北京已经找好了工作，是北京东方园集团。这是家销售化妆品、日常用品之类的公司，它的总部在广州。我已经到公司报到了，东西都已经搬到那边了。因上班之前要回来看下家里人，还要把组织关系拿回来，陪家里人住了一个多星期，再回北京。第二天，我买了机票，到了温州。那时候，我有传呼机的，但传呼机号码连队不知道，连队通过我爸爸传呼我，我打电话过去，连队说："女子连连长杨海英叫你回个电话给她，好像要叫你留下来训练。"我想十有八九是昨天碰到的那个乡里人讲我回来了，连队才知道。后来我回电话，杨海英说今年是 40 周年庆典，想让我留下来。她说大概是 3 个月就可以回去了。我想想，机票也订好了，北京也催我回去。但也不好意思拒绝，毕竟是因为女子连，我才有机会去当兵。如果这次拒绝了，以后再也没机会报答连队，不如现在就用这 3 个月的时间来回报连队给我这个当兵的机会。所以，因为感恩我就留下来了。

家人支持我当女民兵

真没想到，这次进入女子连就再也没离开了。刚去也是当一名普通的女民兵，后来从普通女民兵到副班长，2000 年时当排长，2002 年当副指导员，2007 年 11 月任指导员至今。我在女子连前后也有 20 个年头了，参加过女子连建连 35 周年、40 周年、45 周年和 50 周年庆典。算起来，也是参加的比较多的，接下来的今年是 55 周年。

在连队工作的岁月中，对我生活影响较大的还是 2005 年，那时，正巧遇上女子连建连 45 周年，我又因为有个小孩，才几个月大，还在哺乳期，在连队带三十几名女民兵学基础课，还要兼顾着小孩哺乳，比较辛苦。因为训练，饭都吃不下，基本上整队完回来，没有菜，只剩饭和一盘紫菜汤，紫菜汤兑着米饭，吃几口就好了。骑上自行车赶回家，喂一下孩子，又回连队，每天都是这样。因为过度操劳，人确实瘦得很厉害，我从 120 多斤瘦到 80 多斤。那时候我五十来岁的婆婆子宫癌中期，在温州附一医院治病。在温州治病那6个多月时间，我都没有去看过她，因为连队这边训练比较忙，没办法过去，还有孩子也小，如果去了，孩子没有人带。孩子只有15个月时，我就把他送到托儿所了，人家都是二十几个月才送到托儿所，我小孩是很早过去的，早上都是最早送过去，晚上最晚接回来。因为我老公在温州上班，也没办法照顾到，所以那一年真的感觉挺煎熬的，这边要训练，那边又要接送小孩子，还担心婆婆身体，感到挺亏欠她的。后来孩子送幼儿园，我因连队工作忙，也很少去接他，小朋友都不认识我。孩子在家里，都是他奶奶、他姑姑轮流带的，这边住几天，那边住几天。

2008年，我们骨干集训的时候，我妈妈患尿道堵塞病，在温州二医动手术，因为需要我签字，我就去了一个上午。签完字，等手术做完后，我在手术室外面陪了她一个上午，就回连队。后来全都是我老公在那里照顾了二十几天。从温州回来以后，我妈妈又在洞头医院住了十几天，也是我老公在照顾。所以说，不管是婆婆还是妈妈，在她们需要我的时候，我都没能照顾她们。在这个家里，她们为我付出了很多，没有她们这样支持我，我很可能没有办法在连队这样安心地工作。

做好工作带好班

我在女子连任指导员，我觉得最重要的是要做好大家的思想工作。

全连的女民兵，不是每一个都会服从命令，毕竟年龄小，有的人会比较计较，有的人认为自己军事素质比连队干部还好，就会表现出不屑一顾，逆反性比较强，会顶嘴什么的。我们就要主动找她谈话，做她的思想工作。有个女民兵，是个服装店老板，性格大大咧咧的，但她非常喜欢射击，我们就把她招过来了。当时，我们从连里挑选出12个人，组成一支射击训练队，她是其中一位。后来由于各种原因，她被从射击队调到了集体科目，她心里很不服气，整天骂骂咧咧的。我就找她做了思想工作，我问她："你爱不爱这个连队？既然爱，你知不知道这样做会给连队带来负面影响？既然都是表演项目，不管是射击还是集体科目，都是为连队争光，如果集体科目你不去，少了一个人，那还行不行？每个人的付出都是为了连队，在哪里都一样，而且说不定，你在集体课目里做的要比射击队里做得更出色。"还有一个小姑娘，性格有点内敛，胆子很小，刚到连队，晚上上厕所都叫队友陪着，我怕因为这样影响其他队友休息，就连续3个多月主动陪她上厕所。后来，她们都成了连里的好兵。

女子连建连50周年时，我们在温州教导队进行封闭式训练。当时，队里有两个女民兵，因家庭婚姻纠纷闹情绪，我就分别找她们俩谈话，反复做思想工作，让她们放下包袱，轻装上阵，最后这两个人每天都坚持参加训练，而且取得了优秀成绩。虽然，后来她俩都从连队退役了，但到现在我们都还有联系，感情也特别好。有的女民兵马上要订婚，还有生完孩子刚满月的女民兵，都坚持过来参加训练。

训练队伍扩编时，我们还招来几个大学生村干部，但她们训练进度比较慢，内务评比也不佳，可能是因为她们大学毕业到农村不久，训练又很艰苦，所以有情绪，工作确实比较难做。一开始还把县里组织部的领导请过来，开了个见面会，做了一下思想动员。等他们动员结束后，我们逐个逐个地找她们谈话，到后来她们也都慢慢地跟上进度了，都坚持下来了。

刻苦训练在军营

在温州教导队训练的几个月里，我们早上5点20分就出操，6点多回宿舍整理完内务，7点半吃饭，8点又出去训练到11点或11点半，中午休息一个多小时，下午2点继续训练。因为白天大家都分散训练了，集体科目基本上只能放到晚上。所以，晚上也要出来，晚上的训练时间一般都是7点半到9点。

为了加强连队管理，我一个晚上都要巡查好几次，9点查一次，熄灯之前查一次，凌晨4点多查一次，早上5点多就出操，睡觉时间甚少。有时，夜里还要到外面巡逻。县人武部张部长责任心很强，为女子连真的是尽心尽力，而且他心很细。因为有他这个部长带队，我们工作也轻松了很多。

当时，连里基本上都是新进来的人员，刚刚接触这个军事训练。尤其是走正步，每个人走到腿都抬不起来。炮手练到饭碗都端不起来。人人都晒得很黑很黑的，还有晒到皮肤过敏得都红肿起来。没有一个人有完好的皮肤，特别是射击队的姑娘们，膝盖胳膊全都是破的，洗澡的时候都发出惊叫声，这些人基本上是，吃完饭不到一个小时就要趴在地上。夏天，地面的热气冒上来时，我们热得要死，下雨的时候，又被雨淋得要死，还要在水里泡着，特别难受。所以大家只要是在训练，就把脏的衣服拿出来穿，干净的那套放在宿舍里，有时衣服洗了也不会干，只得又穿着湿衣服出去，而且热水供应也不好，女孩子在月事时也都是洗冷水澡。好在伙食保障还是好的。

2010年，我们参加面向省四套领导班子的军事汇报表演，那时候在杭州训练了一个多星期。当时我的手有甲下血管球瘤，夏天的时候天很热，不开空调的话热得受不了，开空调的话手又很痛，晚上痛起来就一夜睡不了觉，白天痛起来枪都没办法拿，老是会碰到，一碰到很痛，我就硬忍着。那时候医生叫我做手术，可是因为要训练，怕训练受影响，我疼得不行就跑去军医那里开了好几颗安眠药，晚上我吃了安眠药才能睡觉。大家再苦再累也都坚持下来了。

希望连队越来越好

我在连队已有近20年了，在现役人员中我在连队的时间最长，对连队有很深的感情，觉得这里就是我的家。说也奇怪，每天中午午休，我在连队睡得都很舒服很踏实，在家里午休我反而睡不着。

这么多年待下来了，我也没有太多的想法，就是希望不管以后谁在这里，我们连队都能走得越来越好，连队的工作能够开展得越来越顺，还有一点就是希望以后女民兵的出路能够越来越好。现在我们弄了个海霞公司，以后发展好了，作为女民兵的出路那是最好了。我是县政协委员，关于女民兵的工资待遇问题，在我的提案提上去后也得到了解决。去年，我考虑的是女民兵的住房公积金问题，我把这个问题做成一个提案提交上去，也解决了。现在就剩一个女民兵的出路问题了，这个问题确实比较难，也在讨论，我只希望她们能够越来越好。

陈海鸥　徐　彬　苏静静　庄永久　记录整理

女民兵的游泳情缘

陈冬香,1962 年 4 月出生,洞头先锋女子民兵连第三任连长。

我于 1977 年加入女子民兵连,1985 年退伍,前后在连队有 8 年。想想当初风华正茂的年代,回忆那时当女民兵的荣耀,我都觉得无比幸福。特别是参加女子连后进行游泳训练、游泳考核的情景,历历在目,仿佛发生在昨天一样。

在训练中成长

我 17 岁的时候,女子连要招人,连队指导员陈玉兰上门动员,母亲十分支持。说真的,我能参加女子连,到这个英雄的连队,心里有说不出的高兴,好像有一种荣誉感、自豪感。

我加入女子连后,一心投入到学习和训练中,特别是游泳的训练。在参加训练没有多久,我的父亲所在的渔船和乐清的一艘走私船发生碰撞,我的父亲被走私船的人打成重伤,在县医院医治。我是家中的大女儿,应该到医院照顾父亲,但如果去照顾父亲,就不能参加连队的游泳训练,不参加游泳训练,就掌握不了游泳技术,怎能当好民兵!我进退两难,犹豫不决。最后我还是选择了参加花岗的游泳训练。我的母亲生气了:“养你这个女儿没用,白白养活了你。”我想:自古忠孝难以两全,为了连队,为了游泳训练,就让母亲骂吧,况且母亲对我参加民兵也是支持的,只不过一下急了,在气头上说的话,等游泳训练结束,我多干些家务事，多照顾我的父亲，母亲的气自然就会消了。我到花岗去学游泳，一去就是一个夏天，我没有请假，专心致志地学游泳。家里所有家务事都落在母亲的身上，十分辛苦，真难为了她。

加入女子连后，不到一年我就担任了班长，后担任了排长。排里有 20 多个女民兵，分布在柴岙村的 4 个自然村，如有训练、开会、站岗等任务，这样便于互相通知，也便于管理。不到八年时间，我从一个战士发展成班长、排长、连长。是党组织、女子连教育和培养了我。1980 年，我被评为市级“优秀共青团员”。1987 年，我离开了连队，我的心和女子连始终相连，我时刻关注着女子连的发展。

尖子班学游泳

有一次，桐桥村（现称海霞村）的一名妇女，因为家庭生活困难，到海边挖牡蛎时不小心掉进大海，由于不会游泳，溺水而死。这件事对女子连民兵震动很大，天天和水打交道，却不会游泳，以后怎么参加生产劳动？怎么守卫海疆？但在传统的观念中，女子游泳是不被接受的。女子连为了冲破传统观念的束缚，决定在女子连中开展游泳训练，打破女子不能游泳的禁忌。1978 年夏天，连队决定开展游泳训练。

俗话说得好：“来得早不如来得巧。”由县人武部牵头，各乡镇、各部门派人参加的游泳训练队组成了。女子连派出了 13 名骨干民兵，有许玉莲、黄彩花、许翠花、褚爱萍、汪素珍、陈素萍、林阿红、林苏连、吴爱珍、王奶、吴岁珠、陈阿珠和我，由时任副连长的许玉莲和黄彩花带队。

集训地点在元觉乡花岗村，这是一个行政村的岛屿。我们先在这里的山上训练。开始是闭气练习，每人前面放一脸盆水（海水），教练发出口令“开始”，大家赶紧吸一口气，把头埋进脸盆里，直到憋不住，才能抬起头喘口气，再把头埋进去，眼睛要睁开，不能闭上，咸咸的海水把眼睛辣得红红的，十分难受；第二步是要领训练，每个人趴在一条长凳上，手拨脚蹬，手脚配合，像青蛙游泳一样。接着同班的姑娘两人一组到海里去，熟悉水性，轮流用双手托住游泳者的下巴，克服重力，让对方游起来。每天训练6个小时，两个月的时间很短暂，我们不仅被太阳晒得黑不溜秋，晒得皮肤脱掉好几层，还被海水呛够了。我们在喉咙里不再呛水后，才初步学会了游泳。

在花岗训练时，我们请当地的一位老大娘烧饭炒菜。晚上我们睡在一间民房二楼的楼板上，头靠墙壁，脚前留出一条通道便于进出。在花岗的一个夏天里，其中有一个星期刮大风，大娘没有到北岙市场买菜。我们在这一个星期里，吃的菜都是红虾、咸菜。我们每天训练6个小时，也做体操、跑步，增加耐力。游泳队每个星期召开班务会一至二次，总结成绩，克服畏难厌倦情绪，坚持训练；不怕疲劳，连续训练。那时，交通不方便，不像现在坐车十几分钟就到北岙。如要回家一趟，来回要一天时间。我们有空时也思念家中亲人，可是一训练起来，就会全心投入，没有人请假。县人武部领导经常来看望我们，了解游泳训练的进度和需要帮助解决的问题。县人武部专门从温州聘请一名女教练，教我们13人游泳。教练是温州人，当时有30多岁，她采用讲解、示范、练习、纠正、总结的方法教我们游泳。除了游泳外，我们有空时看书看报、唱歌、讲故事，不知不觉中日子就过去了。

游泳训练快要结束的时候，县人武部政工科马干事、县文化馆馆长郑德友等三人，来到花岗游泳训练现场，要为这次游泳培训做报道，需要拍一个游泳训练的镜头。照片和稿件一起发表，使得报道图文并茂。他们3人站在舢板上，我们13人分成四排，面向镜头，按身高从低到高依次排列做蛙泳动作，双手向前伸出，分左右向后拨水，脚蹬海水，手脚配合，奋力向前。第一排人的脚可接触沙滩。沿着沙滩向下，有坡度，越来越深，吴爱贞、汪素珍由于个子稍高，被安排在第四排，脚踩不到沙滩，在调换位置过程中，发生碰撞，她们两人沉入海底，船上的人跳下来，把吴爱贞先救上来,她只喝了几口海水,有惊无险。汪素珍就没有那么幸运了,她在海底稍长,喝了较多海水,马干事等人把她救上岸,她人已昏迷过去,不省人事。当地群众闻讯后都跑来探望,当地的赤脚医生,还有几个大妈也跑过来了。一位老大娘还烧了一碗姜汤给她喝。当晚,连队民兵许翠花等人,睡在她旁边照顾。第二天上午,汪素珍的祖母、母亲闻讯后,从北沙赶到花岗,县人武部派了辆汽车接她们。那时,军民、连里战士亲如一家人,碰到事情都会互相帮助、互相照顾。花岗游泳训练结束后,又从我们 13 人中选出我、王奶、黄彩花、吴岁珠、陈阿珠 5 人,由黄彩花带队继续到乐清县体委游泳队培训,以加强动作的规范化。

全连学游泳

1978 年夏天,女子连决定:全连 64 名民兵全部参加游泳训练,地点就在大王殿岙口。县人武部、驻军六连对此十分重视,选派了 4 名教练员来培训我们。教练员游泳本领高强,每人游泳距离记录都超过 1 万米。

游泳训练要开始了。海滩上,姑娘们穿着花衬衫花短裤,叽叽喳喳,有说有笑。海岸上,围观的乡亲们人山人海,也有人指指点点,议论不停。有个老太婆说:“瞧,那是××的女儿,那是你的女儿……”有些村民也说:“哎,你们学秤砣游吧(一沉到底的意思)!”指导员陈玉兰对我们说:“他们说他们的,我们做我们的。”她讲了注意事项,特别强调了安全。游泳训练中,部队派出的教练员,每人负责一个排的女民兵,我们 13 个到花岗参加过游泳培训的民兵,担当教练员的助手。女民兵先学分解动作,反复练习一段时间后,再综合训练。指导员陈玉兰担任安全员,不时清点人数,对往深处游的官兵发出命令:“×××,往里游!往里游!”她还替我们看管衣裤,清点人数,天天跟班。在两个多月的时间里,我们每天在涨潮七八点钟时去训练 2—3 小时。一开始姑娘们害羞,缩手缩脚,放不开。一段时间以后,我们的训练终于被人们接受了。我们也可以在游泳训练之后,大胆地穿着湿漉漉的花衬衫花短裤回家了。

我们学游泳的劲头越来越大,但是困难还是很多的。我们平时都参加生产队劳动,每天抽出两三个小时训练,实在不容易,加上当时女子连还办着厂,我们晚上还要站岗,人的精力体力消耗很大。再说那时候的训练的条件也很差,救生器材根本谈不上,只好把两根毛竹绑起事,一方面做救生用,一方面做训练器材。大家趴在毛竹上,双手紧紧抓住毛竹,两脚扑通扑通打起水来……后来用一只手抓住毛竹,另一只手拨水,最后就不用抓住毛竹,可以自由地游来游去。就这样,经过了一个夏天的训练,全连 64 人,除 1 人生小孩外,其余 63 人全部学会了游泳,这是一次大丰收。

“真是东海小炮艇”

1978 年夏天的一天,温州军分区季副司令员来洞头检查军民联防工作,还要对女子连官兵的游泳训练进行考核。我们像战士上战场一样,既兴奋又有些紧张。我们决心努力拼搏,拿出最好的成绩向首长汇报。

首先,要做好游泳考核的准备工作。海上标志杆竖起来了,一端一支,一个来回就是两百米,全部用蛙泳姿势。我们租用了一艘舢板作为指挥、救护船。船上有 6 个人:温州军分区季副司令、警卫员、县人武部部长、县人武部军事科科长、女子连指导员陈玉兰,还有摆渡的船工。工作人员拿着纸和笔。海岸边、山坡上人山人海,有的人坐着,有的人站着,都是为女子连民兵加油呐喊的。

早晨 7 点钟,阳光灿烂,风平浪静,大王殿岙口的海水涨的满满的。我们先做游泳准备动作,挥手、弯腰、踢腿、原地跳跃。预备动作做完,随着清脆的哨声,发令员把红旗一挥,考核开始了。海面上,人头一个挨着一个,排成一路纵队劈波前进,宛如游动的蛟龙。岸上、码头上的军民大喊:“加油! 加油!”群情激扬。两个来回后,有女民兵上岸了;又一个来回后,陆续又有人上岸了；十几个来回之后，也有部队战士上岸了，四五千米之后，在海上游泳的人不多了，其中还有四五个女民兵……海边的人都知道涨潮时，潮水有股力量向岙口内推，退潮时，有股力量向外流，游泳时要分出一部分力量，抵消潮水把人往外拉的力量。我们穿着衬衫短裤，手脚多多少少被束缚着，再加上几个小时手拨脚蹬，海水浸泡，体力消耗极大，又累又饿，游泳速度会渐渐慢下来。中午12点了，指导员陈玉兰料定我们一定饿了，用自己的钱到商店买来160个梨花饼，把饼掰成一小块一小块，等我们游到船边时，将饼块放到我们嘴上。在海上游泳，呼吸很困难，吃东西更是难上加难，吃着吃着，连海水也会一起吞到肚子里。吃一堑，长一智，慢慢地我们掌握了窍门，放慢速度，头抬高，把饼块含在嘴里软化，再吞下去。就这样我们一边游，一边吃了好几个饼，岸上的人为我们这种吃法鼓掌喝彩。

泅渡考核

下午2点钟左右，我一直在朝前游着，回头一看，身后一个人也没有，不知什么时候，参加游泳的人都上岸了，海面上只剩下我一个人。我觉得很累,准备上岸。船上的军分区季副司令大声叫着:“继续游,突破1万米!你是英雄!”在领导和岸上军民的鼓励下,我增添了信心和力量,继续在水中游了一个多小时。海水退尽了,可岸上的人没有减少。我在海水里游了6个小时,领导一计算,游程10200米。

我终于上岸了,静静地躺在沙滩上,全身像散了架一样,站也站不起来,两个女民兵替我按摩,然后扶着我上岸。为什么我能游出10200米的成绩?原因有三个:一是领导和军民给了我信心和勇气,使我增加了力量;二是我在花岗、乐清学游泳,不怕艰苦,勤学苦练,掌握了游泳技术,基本功扎实;三是我个子较高,手脚较长,体型适合游泳,耐力好。

晚上,驻军团部放映队在部队操场放电影,幻影灯片上报道了军民游泳考核的事,女民兵平均游1700米,16人超过3000米。还把“东海小炮艇——陈冬香”字样打在银幕上。之后,季副司令员发表了热情洋溢的讲话:“同志们,乡亲们,今天的游泳对抗赛大家都看到了,女子民兵连的姑娘们,不简单啊!陈冬香同志,她真是东海小炮艇……”

“东海小炮艇”这个称号不胫而走,传遍了全连、全乡,甚至传遍了全县。每当我在路上走时,总有一群小孩围着叫:“小炮艇!小炮艇!”这和前两年我们刚学游泳时,他们“呕!呕!呕”的声音是截然不同的。我知道“东海小炮艇”是对我的肯定和夸奖,更是对女子连的肯定和夸奖。

女子连确实是培养人、锻炼人的好地方,我十分热爱这支连队。我家祖孙4代都有人加入女子连,我的妈妈和我曾在连队当过民兵。我的女儿真真长大了,我也把她送到了女子连;后来,我的孙女陈雪高中毕业,我又把她送进女子连,让她们在这支英雄的连队,锻炼成长,让这面巾帼战旗代代飘扬。

陈后孟　徐　彬　叶秋帆　记录整理

难以忘记的岁月

许翠花,1959 年 11 月出生,曾任女子民兵连一排排长。

我住在北岙街道,现在在开服装店。我在 14 岁时加入女子民兵连,担任过班长、排长,参加过军民演出队,是特等射手。我在女子民兵连待了整整 10 年,连队的生活,让人难忘。

从战士到排长

我在胜利岙(棺材岙)出生,和女子连第二任连长许玉莲同住一个自然村。我读过两年小学,13 岁那年,桐桥有 1 个胶丸厂,我进入胶丸厂做工。1 年后,这个厂归女子连管理。这样,我在 14 岁就加入了女子连。参加女子连要年满 16 岁,我提前两年加入女子连,算是特殊了。由于我工作积极主动,2 年后当了班长,当了 3 年班长后,担任一排(桐桥)的排长。这个排是骨干排,女子连是以这个排为基础,扩成 1 个连的。先由汪月霞任排长,后由陈玉兰任排长,我担任一排排长,感到十分自豪,又感到责任重大。

担任车间技术员

加入女子民兵连后,由于我年纪轻轻,没有家庭牵挂,连队派我到寮顶胶丸厂学习 1 年。为了节省来回时间,我吃住都在寮顶村。我虚心学习,学会了制作技术,掌握了配料、制作工艺,能熟练操作。我回连后,担任技术员,成了厂里的技术骨干。当时厂的负责人是连副指导员王爱玉,胶丸厂有十几人,每班6个人,每人管理1台类似缝纫机的割车,脚踏负责切断胶套条,手负责胶套条的推进和取出,胶套是红色的,作为药用材料。烘干车间有3个门。每个门后有1个炉,烧煤球的,炉上放了三盘模板,模板里装着胶质溶液,烘干时间每次约40分钟。1个人管搬运,运进运出。1人控制温度。当时,我们厂里生产也热火朝天,但后来因业务销售问题,熬了几年就停产了。

连队学习和训练

连队对政治学习、军事训练抓得很紧。每个星期的一、三、五晚上都安排学习。星期一晚上,连排干部学习,由连长或指导员主持。星期三晚上排长、班长学习,由排长主持。星期五晚上召开班务会,由班长主持,全班战士参加。学习内容有很多:根据上级下达任务,研究如何分配完成;表扬好人好事,指出存在的问题,采取何种措施,限期改正。连队开展流动红旗竞赛,每月评比一次。各排官兵干劲很大,你追我赶,有力地促进连队的各项工作的开展。

连队每年一大训,30到40天;每年两次小训,每次半个月。驻军六连派出军事教员,指导我们军事训练。训练科目有列队、刺杀、射击(精度射击、夜间射击、山地俯角射击、海上动荡目标射击)、反冲击训练等,擦伤皮、碰瘀青是常有的事,我们时刻保持着高度警惕,来了例假也不休息。

六连后面有海军观道站,有几间小平房,观通站腾出1个房间,作为女子民兵连的值班室,里面有4张床,每晚有1个班的女民兵住在里面,轮流担任巡逻任务。每次巡逻有两到三个女民兵,部队官兵一到两人,巡逻时间约1.5小时,巡逻地点是鸽尾礁、大王殿、柴岙村等地。

在紧张学习、训练之余，连队开展练习投篮、三大步的活动。部队战士教我们学跳木马、单双杠，抓住单杠、引体向上，下巴要超过单杠，比谁拉的次数多。还有双杠，跳上跳下蛮有意思的，在杠上，可以向前侧面跳下，也可以向后侧面跳下。

参加连队尖子班

1977年，为了典型引路，以点带面，推动女子连的军事训练和各项工作的开展，连领导决定从全连民兵中，好中选优，挑选十几名军政素质好的民兵，组成一个尖子班。副连长许玉莲兼任班长，排长吴爱贞兼任副班长。战士有我和许玉英、杨小云、方阿菊、陈爱莲、林英、张素霞、许海琴等人。尖子班训练全军事化，考核标准按照部队训练考核大纲，标准也和部队一样的。驻军六连先后派朱孔利（班长）、张树清（副连长、副指导员）、杭星（副指导员）担任军事教员。我们练列队、刺杀、战术动作。上级领导十分关注女子连的训练。南京军区原司令员许世友指示，对女子连的实弹射击训练，要保证子弹供应。尖子班班长许玉莲说，她在女子连十几年，打掉的子弹起码有一篓筐。县人武部领导看我们尖子班官兵训练这么努力，成绩显著，每人每月发给5元津贴买牙膏、肥皂。

1987年3月，我们在县人武部集训3个月，地点在大长坑等地。经过3个月训练后，我们到温州参加全市民兵大比武。在比武的前一天预练时，由于奔跑速度很快，我突然昏倒了。县人武部军事科参谋王六堂（后任军事科长，转业后任桐庐县政协副主席）把10支葡萄糖溶液倒进军用口杯里，让我喝下，我休息了一会，继续参加演练。

第二天，我们尖子班参加了比赛。凭借平时练就的硬功夫和班里民兵的团结协作、英勇顽强，获取单项队列、射击第一名，总评获冠军，我们为连队增光添彩，展示了女民兵的风采。

“炸不死的调皮鬼”

在尖子班，我还经历了一次死里逃生，现在想起来还心有余悸。1978年，部队和尖子班进行手榴弹实弹投掷，部队先投手榴弹，投完后官兵回去了。接着是尖子班投手榴弹，投好后转移到安全地方。投掷现场只留下3个人：团部作训股马参谋，部队一位教练员，还有我。现场只剩下2颗手榴弹，马参谋说：“小许，我们每人投1颗手榴弹，你看我怎么投，注意要领。”马参谋说完把手榴弹扔出去。部队教练员拧开手榴弹盖子，撕掉油纸（防潮用），拉出引线，把拉环套在我右手小指上，还比画着姿势对我说：“投手榴弹，手握弹先要往后，再向前扔，扔的距离才会远一些。”由于初次投手榴弹，我心发慌，手向后一伸，没有握紧手榴弹，拉掉引线，手榴弹嗤嗤作响，马上要爆炸，在这千钧一发之际，马参谋一把抓住我的衣服，向旁边一拉，扑在我的背上。轰的一声，手榴弹爆炸了，小石子、泥土沾在身上。我人都呆了，好长时间说不出话来。谢天谢地，有惊无险，否则后果不堪设想。后来，他都叫我是“炸不死的调皮鬼”。

曾是演出队队员

我为人机灵活泼，喜欢唱歌跳舞，就参加了军民演出队。军民演出队在当时很有名。1965年1月14日下午，演出队六名同志到北京为毛主席等中央领导表演了4个节目。1月17日下午，毛主席等中央领导接见了他们，并与他们合影。周恩来总理在中南海宴会厅设宴宴请了他们，与他们同去的军民联防模范连原副指导员张乃真至今还保存着他们和毛主席等中央领导合影的照片，作为珍贵的文物，传给子孙后代。

我参加演出队后，和演出队的同志，排了很多节目。每年建军节和国庆节的时段，我们都到小三盘司令部礼堂或北岙县剧院演出。记得第一次到小三盘司令部礼堂演出，礼堂里坐满了人，我心发慌，演出队的领导鼓励我："不用怕，平时怎么排演的就怎么演，你能行。"果然，我们顺利地完成了演出任务。每个节目演好后大家都热烈鼓掌。这是对我们演出人员最好的鼓励，什么艰苦疲劳都忘记了。

我喜欢唱歌，也学会唱很多歌，其中四首歌词记得最牢：一首是《东方红》，一首是《歌唱连长汪月霞》，一首是《渔家姑娘在海边》，这是电影《海霞》中的一个插曲，会唱的人不少，大家非常喜欢这首歌，几十年来，这首歌传遍了长城内外，长江南北，优美抒情的旋律给大家留下了深刻的印象。还有一首是《我们是海防民兵》，这首歌的歌词是：

我们是海防民兵，勇敢坚强，
毛泽东思想我们来武装。
一手拿锄，一手拿枪，
建设祖国，保卫家乡。
嘿！我们是海防的钢铁长城，
全民皆兵，是杀敌的天罗地网。
敌人胆敢来侵犯，敌人胆敢来侵犯，
我们坚决彻底把它消灭光！

这些歌词铭刻在我的脑海里，融化在血液中。我忘不了女子民兵连，忘不了尖子班、演出队，更忘不了战友情。

在女子民兵连的10年，是我最引以为豪的10年。

陈后孟　徐　彬　记录整理

“海带十枝花”的故事

徐彩花，1940年2月出生，洞头先锋女子民兵连战士、“海带十姐妹”之一。

我们“海带十姐妹”，是1958年组织起来的，参加民兵后，“海带十姐妹”就更忙了，一方面要参加渔业、农业生产，另一方面还配合部队进行国防施工，开展军事训练，还有文艺宣传活动。讲起那段历史，虽然确实很辛苦，但心里却暖暖的。

养海带出了名

1958年，全国搞“大跃进”，发展生产。洞头是个海岛，四面都是海，是个养海带的好地方。那时，养海带在洞头还是破天荒、头一次，无经验，无技术。而辽宁大连那边养海带的技术在全国是出了名的，洞头要组织人员前去学习。有次，有个村干部跑来问我要不要去大连学习海带养殖，我马上回答：“要去！”因为那个年代里，领导交代我们任务，大家都当作是组织对我们信任，很有自豪感，何况是让我学习，培养我，我高兴得睡不着觉。农历七月初四这一天，洞头各公社派出男女几十人，由县供销社主任领队，一起去大连学习。北沙公社养殖队派出的人员中，有我、吴柳妹等三个女同志。

我们去了大连后，在那里住了三个多月。先是在沙河口学习理论，然后再在黑石礁下海学养海带。那时候我们女的刚去时不会摇橹,都是男的摇。在那里我们都是起早摸黑,白天下海劳动,晚上学习育苗技术。海带苗是在毛竹片上培育的,所以就要先学破竹,把毛竹锯成一截一截的,削成30厘米宽的竹片,叫作附着器,用来培育海带苗。然后我们要学习扎浮筒,这件事较花力气,要打桩,一天下来,腰酸胳膊疼的。到了冬天,那边天气很冷,很冻,洗碗把碗放在桶里,都会马上结冰。我们很不习惯,但也没办法。

1958年冬至前后,我们把自己培育出来的一批海带苗顺利地运回洞头。那时,北沙乡成立了一支海带养殖队,我们有十个二十来岁的女青年,单独组成一个组,人称"海带十姐妹"。我们十姐妹不管从思想上,还是从生产上都个个争先,个个争挂大红花,所以我们的付出也很大。后来渐渐有点名气了,人们把"海带十姐妹"改成"海上十枝花"。每个人也因为这样都改了名字,把自己的名字都改成带个"花"字的:徐彩花、吴柳花(吴柳妹)、吴菊花(吴胡菊)、王爱花(王宛然)、陈荷花(陈后花)、马美花(马美娇)、陈兰花(陈娥兰)、王香花(王大香)、黄大花(黄大香)、叶梅花(叶凤梅)。

我们第一年搞养殖,每天早晨三四点钟就起床,加上处处都在争先进、树标兵,插红旗、拔白旗,那个时候大家都是追求思想先进,不在意金钱、物质方面,所以谁也不甘落后。男人们也格外谨慎,特别是在夹苗这一关上,很挑剔,一定要求大家坐在阴暗处夹苗,不能坐在太阳底下,说是会把苗晒死。当时刚好是冬天,北风嗖嗖地吹,身上穿得又单薄,手脚冻得硬邦邦的。生产队长瞪大眼睛来回巡视,要是发现哪个男人抽烟,他就会大声吆喊制止,说烟灰会把幼苗毒死,弄得大家都很紧张。

我们女同志更是小心翼翼,工作做得很慢,说话也不敢大声,把海带苗当成宝贝一样看待。有一天,我们几个姐妹摇着船,把夹好的苗带送到海上放养,正好天下起了雨。当时我们觉得,这些苗种要是被雨水一淋,不全都烂掉了吗? 怎么办? 我们急得想不出办法，那个身子最弱小的吴柳花，急忙脱下自己的衣服盖住苗桶，她自己就顶着风雨双手抱着肩，在北风中，冷得发抖……

苗带放养之后，要隔三岔五地检查它的生长情况，可我们总不放心，天天摇船出海。总觉得海带怎么长得那么慢！偷偷到男人们的海区采下一条海带，跟我们的比一比，怎么又差不多？好像我们的还要稍长一点！这时我们才知道是我们心急，巴不得一夜间海带就长成人一样高，再说天天观看，就老觉得它长不大。

收获海带

收成时，看到海带又长又宽，皮还很厚，产量肯定很高，我们可乐坏了。有次，我们在海上收海带时，高兴之中竟忘了小船的载重量，只顾把海带往船上堆，结果，小船超重连人带海带一起沉入海里，虽然人都救上来，但眼睁睁地看着就一船的海带被水流冲走了，真是可惜！后来，我们的海带养殖年年都是丰收。我们“海带十姐妹”的名气也越来越大。

女人也能下海打鱼

那时候不只要养殖海带，还得打鱼、抓乌贼、抓海蜇、钓螃蟹。我们十姐妹也像男人一样都干，风里来浪里去的，还学会了划桨摇橹。我们有时候出海，在海上一待就是一星期，人都晒得黑黑的。每次拖墨鱼都是三个女人跟着一个男人坐(乘)着白底船出海，到海上后，把白底船上的小舢板推到海面上，人到舢板上撒网拖墨鱼，晚上要睡觉时再把小舢板拉上来。我们把捕来的墨鱼弄到北麂岛去卖，卖来的钱都交给生产队。那时所有的经济收入都归集体，我们每月只拿三五块钱伙食费。

记得有一次，我们两女一男划着小船到南竹屿外钓螃蟹，没想到岙口外面风很大，刚把钓绳撒下，海面上就刮起了强劲的东北风。在海上，躲又没处躲，避也没处避，海面上一只大船也见不着。我们连忙收起钓绳，齐力划桨。开始时，男的操尾桨，两个女人划中桨。后来换了下位置，但因逆着风划船，风力又太强，船不仅没有前进，反而倒退，眼看着龟屿头、仙叠岩、半屏山一个个山屿离我们越来越远。船一直被刮到南麂海面，风还在一阵紧似一阵地刮着，海面上卷起了白色的浪花。我们三个人，年龄加起来不到 70 岁，正是年轻力壮的时候，可体力终究是有限的。实在划不动了，我们有点绝望了，心里冰凉冰凉的。正当我们绝望之际，海面上传来“突突”的马达声，原来是东岙大队一只到南麂运货的船。我们大声呼救，终于，这只机动船闻声赶来。足足用了三个小时，机动船才把我们带回双垄避风港。到后来我们才知道当时的风有九级，真是捡回了一条命。

唱戏唱到心里去

那时候搞军民联防，我们还组成了一个“陆海军民业余文工团”，配合政治形势，宣传社会主义总路线，歌唱军民联防，教育人民群众。节目的内容全是自编的。部队有个战士编写了很多歌，很好听。其中有一首《胜利了》，歌是这样唱的（词）：“胜利了！胜利了！毛主席派来兵和将，洞头人民得解放。胜利红旗迎风飘，我们跳啊我们唱，我们跳啊我们唱，歌唱苦难人民见太阳，歌唱苦难人民见太阳……”双垄村有个叫陈斌的村民，新中国成立前被国民党抓到大陈当劳工，受尽了欺凌，后来被敌人飞机投下的炸弹炸断了一只胳膊。我们就根据这个故事，编排了一出《贫民泪》的戏剧，我演陈斌的老婆，另一个姐妹演陈斌，用洞头方言唱越剧调子，这种形式很有吸引力，一下子就被群众接受了。在解放洞头的战斗中，曾有像华东二级战斗英雄傅永来这样的英雄人物。我们就根据他的事迹编成戏，进行宣传。另外，还根据军民联防的事和洞头的海岛特点，创作了《歌唱五连》《军民联防好》《胜利了》《血连血、水连水》《千年的歌，万年的仇》等歌曲以及舞蹈《鲨鱼舞》等节目，有些节目还到瑞安等地演出过。有些节目到现在我还记得清清楚楚，其中有一首唱军民联防的歌，歌词是这样的：“学好枪，练好炮，军民守海岛。同生死，共患难，齐心把国保。海岛建设日日新，军民联防实在好，全靠党的好领导……”

有一次，我们去元觉岛慰问演出，当地群众不理解，说：“唱歌跳舞的，不好看。”就随随便便找个空地给我们当舞台，观众也很少。然而，顶着寒冷的北风，我们演得很认真，很投入，演出效果出乎意料的好！比如演《贫民泪》节目时，台下观看的部队战士和群众，无不被我们的戏所感动，好多人都掉泪了，演员们也是一边哭一边把戏演完的。第二天，当地群众很热情地把舞台搭在大庙里，我们演员也受到了贵宾一样的招待。预定一天的演出一直演了三天，观众仍络绎不绝，有很多还是从沙角、花岗等村大老远跑来的。为了不影响演出日程，我们只好谢绝了他们的再三挽留，依依不舍地离开元觉。接着，在霓屿、三盘等岛演出，也起到了很好的教育效果，当地许多干部、群众都说：“这戏演得真好，都演到我们心里去了。”

能武能劳“十枝花”

在军事训练中，十姐妹也是不甘落后的。我们训练的主要项目是操作大炮、重机枪等武器。五七前锋炮要用汽车才拉得动，一发炮弹就有十几斤；高射炮一梭子炮弹五发，重机枪 40 发，训练时搬上搬下，累得让人直不起腰。实弹练习时，枪声“哒哒哒”，炮声“轰轰轰”，山摇地动，两耳被震得“呜呜”直响，耳膜里像有无数架飞机在轰鸣。部队领导问我们受不受得住，大家都说：“没什么！”其实，嘴上虽这么讲，可是心里却说，就是太累了。由于我们学得认真，练得刻苦，在实弹射击比武考核时，命中率比部队的还要高，气得部队的吴连长直训战士：“干什么吃的？怎么连女民兵都不如！”1963 年，“十姐妹”参加南京军区射击表演赛时，发了一双鞋、一双袜、一个牙杯和一块毛巾。那时候环境也艰苦，我们也刻苦，最终取得了优秀的成绩。我还记得奖励我们的是一本红色的笔记本，这个本子现在好像还放在女子连。

“十枝花”的名号是我们姐妹们的骄傲，也是女子连的光荣。从 1958 年冬季开始，到 1964 年海带养殖队解散，我们十位姐妹整整坚持了六年。所做的一切，都体现了女民兵能劳能武的精神。当时有一首女声表演唱《海上十枝花》，就是对我们“海带十姐妹”最好的概括与评价。“蓝蓝的大海翻浪花，姐妹十人把海下，哎，把海下。小小船儿快如梭，谈谈笑笑把船划。养海带，捕鱼虾，产量高，人人夸。大风大浪都不怕，我们是海上十枝花。日落西山船回家，海上走来十枝花，哎，十枝花。又练枪来又练炮，勤学苦练决心大。拿起枪，打优秀，练好炮，把敌杀。成为全能枪炮手，我们是海上十枝花。十枝花，十枝花，花又红来朵又大，一手忙生产，一手保国家，我们是海上十枝花。”

陈海鸥　徐　彬　苏静静　记录整理

"秀才"当上了机枪手

林静叶,1943 年 8 月出生,曾任女子连副指导员,特等射手。

1961 年,我从洞头水产中学毕业后,在家待业。当时女子连刚成立不久,正需要补充一批有文化的女青年,以提高女子连的文化素质和军政水平。六连指导员陈献南得知我的情况后,多次地做我的思想工作,和我谈心,又做我父亲的思想工作,使我全家很受感动。我父亲是个贫穷的渔民,也没有什么文化,他不仅同意我加入女子连,而且还动员我妹妹、嫂子一起加入女子连。

连队里的"秀才"兵

60 年代,洞头文化人少,我一个初中毕业生,在女子连被称为"秀才"。1963 年 6 月,我被任命为副指导员以后,更是发挥了自己有点文化的作用。上级领导来女子连检查指导工作,需要汇报,我都要写材料。有时连长、指导员做个提纲式简要汇报后,再叫我做详细情况的发言以及和他们交谈,有时,新闻媒体记者前来采访,连长、指导员就干脆叫我陪他们采访,做详细全面地交谈。总政歌舞团到洞头体验生活,我都参与了陪伴、接待、汇报、交流。

1964 年夏季,《海岛女民兵》作者黎汝清到女子连体验生活时,我经常为他当向导。黎汝清住在二垅顶八二炮连营房,我要及时与他联系，了解他工作如何安排，陪他到桐桥、大王殿、鸽尾礁、柴岙、双垅、九厅等村，还有北沙党委、政府相关单位，找人了解情况搜集素材，偶尔还要当下翻译，把一些被采访人的“洞头普通话”翻译成“听得懂”的普通话。

我也参与了女子连和驻军六连“军民演出队”。有一年，南京军区政治部主任谟燕少将，到洞头为演出队写了一个剧本叫《姑嫂站岗》，排戏时我演小姑，我的亲嫂嫂扮演剧中的嫂子。有一年，我辅导平阳县的文艺骨干排练了《刺杀舞》《螺号声》等节目。“军民演出队”经常为部队指战员、工人、渔民、农民演出，所以，我随着演出队一同到过南京、北麂等地演出。

我当上了机枪手

我参加女子连不久，便被任命为三排排长，后来根据战备的要求，需要在女子连培养一名轻重机枪手，他们挑来选去，最后选中了我。当时，我有些犹豫，因为机枪又大又重，每挺都有30多斤重，连男战士也很少有人问津，何况我这个“秀才兵”怎么当得了机枪手！直到后来我才知道，他们选我是因为我个头小，行动灵活，反应较快。这个选择，使我有幸成为女子连的第一位机枪手。

部队对培养机枪手的工作相当重视，派专人对我进行指导。我对自己要求也非常严格，每天起早摸黑，刻苦训练，从不偷懒。练扣扳机时候，我的手指、手臂、肩膀被枪震得肿了又消，消了又肿。肘部被地上的沙子都磨得出血了，结了好多茧。这些茧，直到数年后仍没有完全消失。练射击的时候，由于反坐力的作用，把我的牙龈都震出血来，连说话、吃饭、睡觉都受到影响，感到疼痛。经过三个月的训练，我基本上掌握了机枪射击的要领。

有一次，听说南京军区要举办射击比赛，其中也有机枪项目。部队领导很重视，又让我强化训练了3个月，并请驻岛部队二营毛国兴副营长亲自指导我。毛副营长是国家3级射击运动员，水平很高。他对我要求很严格，训练方法也很适合我。这3个月，是我训练中最艰苦、水平提高最快的一个时期。每天完成训练任务后回家，手臂酸痛得连筷子也拿不起来，走起路来也是有气没力，迈不开脚，全身像散了架似的。为了迅速提高技能，连队还特许我把机枪带回家训练，这一来，训练就更繁忙了。我除了完成白天的训练任务外，还在自家对面墙壁上贴了一张靶图，每天清晨天刚蒙蒙亮就起床，把枪架在自家窗口，对准靶图练习瞄准。有时趁白天训练完回家天还亮着，也对准墙壁的靶图瞄上一会。那一段时间，我甚至连走路、吃饭、睡觉，都想着机枪，想着射击的要领，想着比赛。功夫不负有心人，经过这段时间极其艰苦的训练，我的射击水平有了很大的提高。对参加南京的比赛，我们充满信心。但是，恰在这时候，我家里发生意外事故，迫使我不得不放弃比赛，部队首长为此感到很惋惜，我也很难过。现在回想起来，仍然感到非常遗憾。

真正检验我射击水平的，还是后来代表北沙乡民兵参加全县民兵的一次射击比赛。那次参赛的共有13挺机枪，每挺配正副射手各一位，我这挺机枪的副射手是位男民兵，我是参赛的唯一一名女机枪射手。经过紧张激烈的比赛，结果我俩获得了总成绩第一名，得到的奖品是一套《毛泽东选集》(1—4卷)。

我当机枪手的时候，还参加过实战演习，地点是在北沙鸽米礁131高地。为了搞好这次演习，南京军区很多首长亲临现场观看并指导，县人武部全力以赴，做好各项筹备工作。

演习的大致经过是：“敌人”占领了我军的一个高地，并且在我军前进的道路上布满了地雷，我军必须在相当短的时间里，穿过“敌军”的封锁线，占领131高地，夺取最后的胜利。战斗开始后，我军指战员前仆后继，冲锋陷阵，“伤亡”相当惨重。眼看战友们一个个倒下，在这万分紧急的关头，我端起机枪，在浓密烟雾的掩护下，带领六连二排战士进行反冲击，机智地躲过敌军埋下的随时可能发生爆炸的地雷，奋力跃过几道战壕，经过一阵猛烈的扫射，终于消灭全部“敌军”，夺回了131高地。这是一次实战演习，由于过度激烈的运动，加上浓烟的熏呛，当我把机枪架在高地那一刻，整个人几乎昏死了过去。这些镜头，我是后来在现场拍摄的录像中看到的。我简直不敢相信，那位手端机枪的女战士就是我。对我们的表演，首长们相当满意，竖起大拇指说：“海岛的女民兵真是好样的！”

郑元考　徐　彬　记录整理

军民联防　共筑长城

张乃真，1939 年 2 月出生，原六连（军民联防模范连）副指导员。

李发财，1946 年 8 月出生，原六连（军民联防模范连）副连长。

张乃真：

我是 1957 年 11 月份到六连，当时六连还在东岙顶，1958 年 3 月连队调防到桐桥，属于南京军区守备 85 团，番号 6415 部队，我后来任六连副指导员，在连队待了 10 年，1968 年调到团政治部。

我先讲讲连队的前身。在山东莱芜反击战中，六连有一个排抵御敌军两个团，因为坚持了两个多小时而闻名全军，排里有个战斗英雄陈华斋，后来大家都叫六连一排是陈华斋英雄排，我在六连时，也曾到陈华斋英雄排当二班班长。有一首歌讲的是陈华斋英雄排："我们是陈华斋英雄排，日日夜夜守护在东海，为了保持战斗荣誉……"下面的我就记不起来了。

这个连队当时的炊事班班长傅永来，和一批部队干部和家属乘船从温州回洞头，船体触礁将沉没时，他沉着地组织大家上了前来救生的小船，而自己却英勇牺牲，后来上级追认他为华东二级战斗英雄，现在在洞头烈士墓上还能看到他的名字。这个连队历来军民关系就非常好，到了洞头以后军民互动更是开展得热火朝天。

1958 年六连调防桐桥时，指导员叫王军柱，他是银川人，经常到村里了解群众生活情况，还派出战士帮助群众解决一些困难，军民关系处得很好。当时还没有成立女子民兵连，但有一个女子民兵排，当时汪月霞当排长，她身边没有小孩，负担少，年纪比较轻，只有十几岁，部队把她作为民兵培养对象。她也常组织排里的女民兵去给部队官兵洗衣服，搞一些简单的活动。军民联防开始在女子民兵排搞试点，不久扩展到北沙乡一个连，后来，全县都把军民联防工作搞得轰轰烈烈。提出了以“联防、联训、联心、联建、联文”为主要内容的军民联防活动。这五个“联”，是当时由团政治处提出来，征求了下面意见而定的。

我们六连有四个联防区，共五个民兵连，包括桐桥、柴岙、鸽尾礁、大王殿、女子连。六连第四任指导员彭为师骄傲地说：“我们这个部队打仗是有六个连啊！”。

李发财：

我是 1971 年调到六连，到连队后，任该连副连长，领导叫我专职搞军民联防工作，兼任桐桥村党支部第一副书记。汪月霞当支部书记，下面还有一个副书记以便负责管生产。当时，全军只有我们连队的干部兼任村里书记，可见上级领导对洞头军民联防工作的重视。

我们刚开始军民联防的工作时，主要是站岗放哨、值班巡逻。后来才提出“联防、联训、联心、联建、联文”的军民联防活动。“联防”主要指一起巡逻放哨，修建工事等。“联训”指参加军事训练。“联心”指做思想工作，新兵来洞头想家，不安心工作，女民兵主动找战士谈心，介绍洞头情况、海防意义，让他们慢慢安下心来，也有部队做女民兵的思想工作。“联建”是部队参加地方搞生产建设。“联文”指学习政治文化，开展文艺宣传等。

训练分两个层面，一个是全部民兵都要参加训练，第二是专门组织射击班，每年训练两次。各民兵连军事训练时，连队及时抽调军事技术比较好的官兵下村指导，并将各民兵连编入作战序列，有作战任务时，统一指挥，统一作战。军事训练方面，女子连每年夏、冬两次参加军事训练，她们个个刻苦训练、精益求精和无私奉献的精神，鼓舞了部队战士的训练热情，提高了军事训练的效果。女民兵们还经常在训练之余、午休时间帮助战士们洗衣服、被子。有些女民兵还经常饿着肚子为部队战士做好事，她们的精神让人很是感动。比如副连长黄菜花第二天结婚，前一天还在指挥战士训练；许翠花结婚第二天就跑来训练。这样的例子很多。

在军民联防工作中，我们连队有一整套联防制度：连里配备一名副连长和一名副指导员专门负责军民联防工作。而且我们有四个排，一个排负责一个行政村的军民联防工作，每个排指派两名联防战士，负责每个村的具体工作，还和群众同劳动、同学习、同训练，帮助群众解决各种困难和问题。我们有几名优秀联防战士，如余国良、方云龙、王升民，他们一到农村就很受老人小孩的欢迎，有的时候还在老百姓家里吃饭，军民关系非常融洽，像一家人一样。

每星期我们连队都要召开一次联防战士碰头会，每个月一次汇报会，半年一次小结，一年一次年终总结评比，表彰在军民联防工作中取得优异成绩的战士和民兵。

连队把每星期六早上定为“军民联防日”。全连官兵都到各联防区参加生产劳动，了解群众疾苦，帮助解决生产生活中的一些困难和问题。在农忙、鱼汛季节，台风来时，连队专门安排时间和人员，参加地方的抢收抢种和抗台工作。

各联防区民兵连和村干部，每季到连部参加一次军民联防工作会议，汇报、交流、总结军民联防工作，学习、传达、贯彻上级各项指示精神；每半年进行一次小结；一年进行一次年终总结评比，使联防工作做到：有任务，有汇报，有检查，有评比，有总结。

女子连也设立了拥军制度，她们四个排，每个排每周一天到连队帮助战士洗衣服、洗被子，帮助连队养猪种菜，有时候部队战士生病，水土不服等，防区的大嫂、大娘都会送鸡蛋、送药来连队给战士吃。有一次，一个战士生病，副连长黄彩花和她姐妹，到山上找了两天的草药送到连队，治好了战士的病。这样的例子很多。

张乃真：

过去胜利岙(棺材岙)的老渔工，跟部队关系很好，打鱼回来送到部队，黄鱼吃不了，炊事班长把黄鱼煮起来当饭吃，毛蟹一个那么大，那个时候鱼多啊。每个冬季每个防区渔民回来以后，他们都把一筐一筐的鱼送到部队来，说部队官兵训练、施工都很辛苦，军民关系好啊。像缝鞋底啊，有些战士带来鞋底，跟洞头人不一样，她们拿个鞋样子，按照样子做起来，再送到部队，我都穿过一双这样的鞋。

当时，根据国防部首长提出“自编自演，小型多样，短小精干，喜闻乐见”的十六字方针，我们六连组织起一个共六个人的演唱组，我也在六连演唱组，从北京回来以后，把女民兵也凑进去，才有了军民演唱队，再到联防区、基层连队巡回演出。有一些节目在洞头流传和传唱多年，至今我们都记忆犹新，如《两老汉看比武》《歌唱六连》《歌唱汪月霞》《歌唱军民联防》《好人好事》等。

我记得有一个节目《鸭子上岛》，那个时候洞头是偏僻地方，指导员陈献南从景云带了两三只鸭子过来，他说这两三只鸭子要养活，要让鸭子再生鸭子。后来，我们把他这个事情编成节目，叫我去学鸭子走路，我开始是有学过，两只手要伏在下面，人要蹬在那里走。所以节目叫《鸭子上岛》。

我们的演唱组能到北京汇报演出也是不简单的。当时，每个连队的演唱组先到团里会演，演了以后评比，比上了到温州军分区，温州评上了到省军区，省军区评上到南京军区。在南京军区留下三个组，包括我们这个组，说我们有海防海岛特色，确定我们这个组到北京去。节目名是《六连演唱组》，后来演出组改为军民演出队，包括女子连有12个人，成员有吴爱元、庄小云、陈美钗、陈珠花、张爱华、张爱菊、诸金凤等人。

李发财：

我们还到过北麂岛、南麂岛等岛屿演出，坐船的时候晕船，上岛以后，饭都没有吃还坚持演出。女民兵还帮助部队官兵洗衣服。我们还为上级首长、各地参观团、各级文艺、新闻团体来女子连和六连体验生活、参观学习的同志演出。

当时，村里搞了个俱乐部，在俱乐部里，六连派出的战士教民兵们学文化。有次，汪月霞说自己在文化班学习期间，指导员送她一支笔，当时不识字，不会用。她过去生活苦，没读过书，能提高到现在这种文化程度，很不容易。俱乐部晚上学习结束后，有时候学习到比较晚，遇到天黑、下雨，战士都主动送女民兵回家。

我们六连医务室是向四个联防区老百姓开放的，各村的老百姓如果有伤风感冒肚子疼等小毛病，都来连队找卫生员看。我们给他们的药都不收费，有几个卫生员非常出色，给老百姓看病，不管是刮风、下雨、下雪都是随叫随到，从不缺席，很受防区百姓的爱戴。

张乃真：

我们那个时候在部队一个月发六块钱，花一块钱还有五块钱多，五块钱省起来，有些战士偷偷摸摸用这些钱支援有困难的老百姓。当时我问一个战士有没有寄钱回家，他说村里有个老百姓家里有困难，我们凑了一点钱给他了。那个时候这样的事很多，我们也没有记下来。现在想起来这些事情都不容易，那个时候菜四分钱一斤，带鱼一毛钱一斤，有两块钱也可以了。陈玉兰家中好几天没有烧饭，没有米了，六连的士兵就把大米抬到她家中。

过去，加入女子连都是大家自愿无偿参加的，都是没有工资的。为了保住这面红旗，留住广大姐妹们，女子连领导想了许多办法，办了贝雕厂、胶丸厂、海味厂等，想创造一点经济收入，补贴一下女民兵战士的生活费。当时办厂经验不足，政策不是很开放，销路、技术、质量都有问题，没有好效益，但是精神非常可贵。

经过几代女民兵的努力奋斗，军民联防不断巩固发展，洞头先锋女子民兵连的红旗代代高扬。今天，我们在庆祝女子民兵连成立55周年之际，永远不能忘记：军民联防是根本。

陈海鸥　徐　彬　潘正凯　记录整理

英雄连队　巾帼风采

林国荣，1942年8月出生，原驻岛部队六连连长、指导员。

我是1961年8月到驻军6415部队当兵的，1969年7月到六连任副连长，后任副指导员、连长、指导员。1975年，我随部队调防到江苏宿迁。1978年转业回温州，在温州市中级人民法院工作至退休。现在我虽然已经七十多岁了，然而，与女子连结下的浓厚情谊，却使我终生难忘。

演练场上见英姿

1965年，国防部在杭州命名我所在的驻岛部队六连为"军民联防模范连"。1970年初冬的一天，为庆祝命名五周年，温州军分区决定在我们的联防区——北沙举行一次步炮协同、军民配合的实弹军事演习。地委领导李铁锋、军分区副司令员袁启挺等有关部门的领导、各兄弟县人武部领导、驻岛6415部队连以上干部都来了。观摩台上，坐着五百多位前来参观指导的各级领导。这是对我们军民联防工作的一次大检查，也是对女子民兵连战斗力的一次大检阅。

在这次演习中，女子连担负的任务是坚守131高地，堵住海上欲从131高地前沿登陆的敌人，不让敌人前进一步，并歼敌于131高地前沿，任务相当艰巨。

演习开始了。海上出现了一大片"敌人"，借着潮水的流动，隐隐现现地起伏着，他们正在强行登陆。突然，天空升起了三颗信号弹，战斗打响了。我军阵地上，兄弟连队的炮火发起了猛烈攻击。霎时间，炮声隆隆，枪声大作，海上的“敌人”，遭到我军的重创，大部分葬身海底。但是，还有一小部分“残余敌人”，躲过炮火攻击，强行向131高地方向登陆。

131高地上，女子民兵连指导员陈玉兰、副连长王爱玉带领60多名女民兵正集结待命，这时传来指挥部的命令：“一小部分残敌正向131高地强行登陆，命令你连快速出击，坚决消灭来犯之敌！”一声令下，全副武装的女民兵，猫着腰，快速出击，她们的动作非常敏捷，宛如出水的蛟龙，有的奔跑跳跃，有的就地打滚，很快占领了阵地前沿的战壕。可见她们平时的训练是非常认真刻苦的，没有平时的高标准、严要求的训练，就不会在真枪实弹下展现如此矫健的英姿！此时，登陆的“残敌”已经扑向131高地前沿的沙滩上。“打！”顿时，冲锋枪、半自动步枪、轻机枪一齐开火，交叉火力同时射向“敌人”，沙滩上的“敌人”纷纷应声而毙，不到10分钟，登陆的“残敌”全部被消灭在阵地前沿。

演习结束了，参观场上顿时爆发出热烈的掌声，一致赞扬参战的女民兵动作勇猛、战术熟练、技术精湛。这掌声，是对女子民兵连精彩表现的高度评价，也是对我们军民联防工作的肯定。

军民情深如鱼水

1971年8月间，总政歌舞团一行30余人，由著名音乐家时乐濛带队，来到我连及联防区体验生活，与群众同吃、同住、同劳动。

渔村群众带着海岛人的豪爽与憨厚，带着女子连传统的拥军精神，热情接待了这些远道而来的客人。他们的热情好客，给歌舞团的同志留下了深刻的印象。尽管当时群众的生活条件还相当差，但他们对歌舞团的到来却很高兴，对分配到自己家的歌舞团同志像贵客一样地对待。他们觉得，能够把这些北京来的部队客人接到家中来住是一种荣幸。因此，他们生怕让这些大城市来的客人苦着累着，总是千方百计地弄一点好的菜给客人吃。自己睡地铺，把床让出来给歌舞团的同志睡。

歌唱家张越男住在女子连排长杨爱菊家。杨爱菊的婆婆吴赤大娘每天早上拄着拐杖从桐桥走到县城北乔农贸市场买新鲜菜。有一次她想给歌舞团的同志增加一点营养，奔东家跑西家，借不到一个鸡蛋。最后她竟跑到亲戚家里，把一只正在下蛋的母鸡抱来，养在自己家里，每天下一个蛋，供客人吃，也亏得她能想到这"借鸡下蛋"的办法。

群众的热情，使歌舞团的同志们深感不安。一天，歌舞团的同志气呼呼地跑到连队对我说："不行，这样不行！如果再这样，我们就不和群众同吃了。"情绪很激动。我吃了一惊，以为出了什么事，是不是有所怠慢，忙问原因。他们说："主人家吃饭时都不吃桌上的好菜，把好菜留给我们吃，我们能吃得下吗？你说！"我笑了笑说："这里的群众就是这么热情的，你们就入乡随俗吧！""那也不行！"这里的话还没说完，那边又有几个群众跑来了，对我说："如果歌舞团的同志不把饭菜吃完，我们全家都不吃饭！"

这个场面，这种淳朴的军民鱼水之情确实让人感动！记得时乐濛队长在结束这次渔村体验生活时说，十几年来，他到过许多地方体验生活，女子连及北沙群众的热情给我留下的印象最深刻，也让他最感动。结束体验生活回到北京后的第二天，时乐濛队长亲自打来电话，要我转述他们对女子连及北沙群众对子弟兵这份真挚纯朴的感情表示由衷的感谢！

在总政歌舞团来这里体验生活的日子里，还有一件事给我留下很深的记忆。

有一天晚上，天气还比较热，我刚吃过晚饭，时乐濛队长来了，问："能不能组织一次女子民兵连的紧急集合？"紧急集合指的是在遇到紧急情况时快速集结部队，对女子连来说是一项经常性的训练项目。

第二天凌晨4点钟，我们派出去的几名通讯员分别在鸽尾礁、柴岙、大王殿、桐桥四个村同时吹响了紧急集合号。女子连的四个排从不同方向向鸽尾礁小学操场集合完毕，用时不到半小时，其速度之快令总政歌舞团的同志赞叹不已。这里特别要说一下的是桐桥离鸽尾礁有一公里远，柴岙离鸽尾礁两公里，她们仅用了10分钟，桐桥村下辖的胜利岙(棺材岙)自然村离桐桥又有两公里的山路，而且黑灯瞎火，山路崎岖，她们也只用了半小时。能在如此短时间内，跑过如此艰难的路程集合完毕，不能不说女子民兵连是一支训练有素的队伍，是一支有高度自觉性、组织性、纪律性的英雄连队。

“报告首长，女子民兵连集合完毕，实到人数94名，全部到齐，请指示！”连长汪月霞报告说。

时乐濛站在女民兵面前，显得很激动。他说：“在这里，我看到海岛民兵‘招之即来’的风姿，这支队伍也一定是‘来之能战，战之能胜’的队伍！”接着，他又说：“其他我说不来，我给你们领个头，让我们共同唱一首歌。”

这时候，操场上响起了嘹亮的歌声：“飒爽英姿五尺枪，曙光初照演兵场，中华儿女多奇志，不爱红装爱武装！”随后，连长汪月霞、指导员陈玉兰叫各排到各自的阵地上进行晨练。夏天的清晨来得特别早，天已经发亮，霞光射过来，照在阵地上，照在女民兵身上，更加映衬出她们的飒爽英姿。

射击场上巾帼风

1972年夏天，著名电影导演谢铁骊等5人，在团副政委刘明斋、政治处副主任周义泰的陪同下，来到了女子民兵连体验生活。

有一天，谢导演向我提出，要观看女民兵的实弹射击表演。事情很突然，事先没有任何安排，但女子连有个很过硬的传统看家本领：不管什么时候都能集中起来亮一手，而且个个都是英雄好汉。我当即叫来了副连长王爱玉，要她马上召集10名女民兵进行实弹射击表演。半小时后，10名女民兵整齐地集中到连队驻地的后山靶场。只见她们肩背半自动步枪，腰扎武装带，头上戴着草藤树枝扎起来的伪装帽，那架势，真像电影中的突击队员整装待命一样，个个收腹挺胸，显得精神十足。记得她们中有王彩花、曾岁爱、许云和许爱娥等。

射击表演分两组，7个人表演胸环靶单发射，每人10发子弹；3个人表演速射，每人40发子弹，一分钟内射完。只听见领队的一声"卧姿装子弹"号令，女民兵们刷地应声卧倒在地，一阵短促而有序的枪机碰撞声之后，每个人都已经做好了射击准备。她们那熟练、规范的动作，绝对不亚于正规部队，真是"巾帼不让须眉"。

射击结束后，由王爱玉向谢铁骊报告成绩：单发射成绩每人都在90环以上，速射成绩更令人满意。其中王爱玉速射成绩是380环！谢铁骊导演听了报告后，很兴奋，他指着王爱玉说："你这个小黑蛋，真行呀！来，我给你拍个照。"接着，他又给10名参加表演的女民兵拍了一张集体照。不久，谢铁骊导演从北京寄来一张放大的6寸照片给王爱玉。照片上，王爱玉身背钢枪，脸上露出坚定而自豪的神色。我想，谢导演把当年这位女子民兵连副连长的英姿，一定是深深印在脑海里的。而这支连队女民兵们的巾帼风采，我至今记忆犹新。

林国荣　提供自述资料

海霞电力服务队

杨文芳，1973年11月出生，洞头海霞电力服务队队长，国家电网洞头县供电公司营销部(客户服务中心)副主任。荣获省电力公司“群众满意基层站所(办事窗口)”先进个人、用电检查人员技术比武优秀选手，温州电力系统十佳优秀女职工，温州电力局先进生产工作者、十佳营销服务标兵、优秀共产党员等荣誉。

我们服务队以“海霞”命名，又是女子连的一个排，就要努力打响“海霞”的品牌，而绝不能给“海霞”抹黑！这不是我一个人的想法，而是我们服务队所有同志的共同心声。所以大家都以“海霞”为榜样，努力做好每一项工作，尽心奉献，把“海霞”精神装在心里头，用到社会上。

为信念参加了服务队

2007年，国家电网公司提出了“优质服务年”的号召，我们想：要怎么样才能提升公司的优质服务水平，更好地满足洞头百姓生活和经济建设需求呢？时任副局长的潘淑娟说：“海霞”是洞头的品牌，我们要学习和弘扬“立志奉献”的“海霞精神”，不断提高电力优质服务水平。她还提出了成立一支由女职工组成的“海霞电力女子服务队”的建议，这个建议得到局党委的认同和支持，也得到广大女职工的积极响应。我们从小生长在这里，听着海岛女民兵故事长大，也有一种想像“海霞”一样，为海岛多做贡献的信念。现在这个机会来了,大家都自告奋勇,跃跃欲试。当时,公司 37 名女职工全都主动报名参加了服务队。队里最大的 49 岁,最小的仅 20 岁。

同年 6 月,“海霞电力女子服务队”正式成立了,我们把成立地点定在女子连纪念馆的操场上,在授旗仪式上,大家都庄严宣誓:以“海霞”精神为指引,扎根海岛,造福百姓。以己所能,承担社会责任,服务社会大众。努力成为优质服务的倡导者,扶贫帮困的实践者,传统美德的传承者。

成立以后,大家凭着自己坚定的信念,牢记当初的承诺,努力践行“海霞精神”,积极开展优质的电力服务和社会公益服务。2011 年,温州供电公司在我们海霞电力女子服务队的基础上,进行进一步的整合优化,在全市电力系统成立了温州电力海霞服务队。洞头成立了温州电力海霞服务队洞头分队,原“海霞电力女子服务队”也更名为“温州电力海霞服务队洞头女子分队”。“海霞精神”不但在洞头的电力系统,而且在整个温州电力系统得到了传承和发扬。

让光明照亮每户人家

“海霞精神”的核心是爱岛、奉献。几年来,我们秉承着这种精神,在开展电力优质服务时,不断地创新服务举措。

在服务队刚成立的时候,我们遇到了一些困难和问题,其中最大的一个就是,我们都是女同志,大多数都有“不懂电、怕碰电”的思想。如下乡开展服务时,遇到有的群众家里电灯不亮,要求帮忙查一查,我们还要打电话向男同事求助,这岂不给我们服务队丢人?大家都觉得,一定要克服这个困难,男职工能做到的事,我们女职工一样也能做到!于是,我们专门成立了一个电工小分队,聘请公司线路班的师傅传授线路知识,还自学电工知识。通过查资料、请教师傅、重复性训练,我们掌握了基本的电工知识,现在也能排除一些一般的内线故障了。

大家都知道，安全生产对我们电力企业而言至关重要，那么怎么才能让一线员工更自觉地遵守安全法规，从“要我安全”转变为“我要安全”呢？服务队从这个想法出发，想出了从创建“幸福家庭”着手，启发电嫂的联动效应。于是服务队和公司工会一道，进入一线员工家庭进行家访，与电嫂们促膝谈心，让电嫂们对男职工的工作予以更多的理解与支持。服务队还用浅显的语言制作了PPT，组织电嫂们开展了安全知识培训。同时，为电嫂们搭起“贤内助”的平台，在烈日炎炎的夏天，我们与电嫂们一起，带着毛巾、清凉油和绿豆汤亲临检修现场送给一线男职工。在“送清凉”的同时，进行特殊的“安全巡视”，用亲人关注的目光促使一线职工自觉实现“我要安全”。

为了方便群众缴纳电费，让更多的人了解快捷的缴费方式。我们多次走上街头，开展缴费方式宣传等活动，回答群众关于用电的问题，并现场办理电费批扣、电费充值卡业务以及峰谷表现场报装等业务。记得我们服务队的第一次“亮相”是在洞头县北岙镇街心公园，开展了以“和谐电力、服务社会”为主题的“代扣缴电费，轻松拿大奖”大型活动。第一次举办这么大型的活动大家都很紧张，后来我们与群众进行互动交流，现场办理电费批扣业务、回答群众用电方面的问题，并设立了抽奖环节，吸引了数百群众参与，取得了很好的效果。同时，为了给环保公益添砖增瓦，我们每年结合节能宣传周、“地球一小时”等活动，上街宣传低碳知识、日常节电节能及安全用电小常识，分发我们精心制作的环保袋、宣传资料等。

为了与百姓联系得更紧密，我们和社区结对联动，在岭背社区设立了海霞电力服务站，并发放“连心卡”，方便社区及时联系服务队。成立至今，我们多次走进岭背、双垄、新城等社区，宣传安全用电、节约用电小知识，推广方便快捷的缴费方式，现场进行业务受理，并给低压居民送上客户优化供电方案。同时，我们还积极参加社区的活动，和社区共同开展了元宵用电知识灯谜会、“平安电力进我家共享低碳新生活”、“书香伴我行”读书会等文化活动，并对社区民工出租房的用电进行专项检查等。

虽然我们的用电环境改善了，但还有不少人的安全用电意识还是很薄弱，尤其是在前几年，这个问题普遍存在。那么如何让更多的居民们更快地树立起安全用电的意识呢？于是，我们想到了进校园宣传用电知识这个方法，一方面可以让孩子们从小就培养安全用电的习惯；另一方面，也可以让他们成为家里的安全用电监督员，监督家长们安全用电。为此，我们多次走进校园开展“安全用电进校园”活动，采用班会课宣传、安全用电游园会等形式，用浅显的语言将用电知识传授给小学生，然后由小学生转告自己的父母，来纠正平时错误的用电习惯。

大瞿、南策两个偏远海岛的居民，是 2006 年国家电网公司“户户通电”工程的受益者。为了方便他们用电，服务队定期上岛为居民提供电费缴纳、用电业务办理等便民服务。同时，开展“海霞帮你除隐患”活动，义务帮助岛上的贫困户整改用电线路，挨家挨户进行安全用电知识宣传，提高村民的安全用电意识。从洞头本岛至大瞿或南策，交通不便，只能乘坐小交通轮，且要乘上个把小时才能到达，有时还会遇上风浪，但大家都克服晕船，克服颠簸的难受，忍着呕吐的痛苦，坚持上岛服务，换来了岛上居民的安心用电。

将温暖传递给每个人

我们服务队的队员们，积极投身社会公益事业，努力为社会奉献。然而，在为弱势群体提供帮助的同时，也感到了个人力量的微薄。于是，服务队在 2008 年 2 月成立了“海霞电力扶贫帮困基金”，通过队员定期捐款，在各供电营业厅、办公楼设立基金箱，并采用向全局职工发出倡议等方式筹集帮困基金。

有了资金的支持，我们提供服务的对象范围更广、服务内容也更多了。孤寡老人、特困户、残疾人、贫困学子等弱势群体都是服务队的帮扶对象。我们与贫困学子进行结对活动，赠送书本、购书券、爱心礼包等礼品，倾听他们的心声，带给他们更多的亲情与温暖，帮助他们更加健康、快乐地成长。敬老院里的老人们也是服务队的重点服务对象，我们定期看望敬老院老人，为他们包饺子、裹粽子、熬鸡汤，给他们带去精心挑选的保暖衣物、糕点、电子血压仪等礼品，陪老人们谈心事、聊家常。记得有一年，我们买来毛线，利用下班后的休息时间和双休日编织围巾送给敬老院的老人，一些年轻的队员自己不会织但也想出份力，就晚上向自己的妈妈或者老队员请教；有些队员还发动了自己的家人一起织围巾；有个队员织了十多条，连手都被毛线针给磨破了一块皮。在过年前，我们带着围巾、糕点等礼品去看望敬老院的老人，并一一为老人们围上“温暖牌”围巾。还有一次，我们组织了“学雷锋，关爱贫困母亲”的活动，带着鲜花、蛋糕和大米、食用油，还有慰问品及慰问金看望多位贫困母亲，为她们整理内线，排除用电故障，陪着她们聊天。让我印象很深刻的是，一位70多岁的陈爱花老妈妈紧紧握着我们队员的手说：“我都十几年没买过新衣服了，太感谢你们了！”这句话让我们感触很深，如果我们的行为能让这些弱势群体觉得开心、幸福一点，那我们为什么不多做一些呢？带着这个想法，这些年，服务队重点开展了“暖心”“爱心”“用心”“省心”“贴心”等“五心”系列公益活动90余次，努力将温暖传递给每一个需要帮助的人。

用奉献续写新篇章

服务队多数人都是集女儿、妻子和母亲三种角色为一身。大家既要做好本职工作，又要定期开展服务，同时还要兼顾着家里的琐碎杂事。由于服务队的一些活动安排在业余时间进行，很多队员主动放弃了宝贵的双休日。

我们的副队长尤燕妮，在她怀孕期间，还积极参加服务队的活动。每次队里有重要任务，她都不顾妊娠反应，自告奋勇要参加，甚至在已接近预产期时，还和队员们一起前往结对帮困对象——霓屿义校，为贫困学生送去棉衣和学习用品，与孩子们交流谈心。当天夜里，她却突然大出血，被急救车送到医院时，她已彻底昏迷，生命垂危，孩子只能紧急剖腹出来。直至两天后，她才第一次看到了自己的孩子。

还有我们的队员黄信妹，就是担心工作忙顾不上孩子，把刚满周岁的孩子送到在平阳县的婆婆家照顾。有段时间，她忙得脱不开身，连续一个多月都没见上孩子一面。当她再次见到孩子时，她迫不及待地想搂过孩子，结果孩子却认不出妈妈了，怎么也不肯让她抱一抱、亲一亲。像这样的例子，服务队里还有很多，包括家住温州、泰顺等地的柳艳、欧婵娴等队员，节假日选择与敬老院的老人一起度过，放弃了难得的与家人团聚的机会。

有人说我们傻，说我们做好自己本职工作不就好了，干吗还整这么多事情。我想说的是："如果我们的'傻'能帮助到别人，让他们感到快乐、幸福，那何乐而不为呢？我们放弃了休息时间，我们节假日没法和家人一起度过，但是却让更多人感受到我们的关心，感受到我们的爱，冲着这点我觉得也值了。"

上孤岛，走渔村，进企业……从"便民服务""优质服务"到"五心服务"，我们从未停下过为民服务的脚步。六年来，我们的队伍也在不断地壮大，从最初的 37 人到现在的 66 人，并获得了浙江省五一劳动奖状，获得了中华全国总工会"女职工建功立业标兵岗"等荣誉称号。

成绩只能代表过去，服务永无止境。"海霞电力女子服务队"成立时间还不长，还任重道远。我们将继续展现现代"海霞"的新风采，续写"电力海霞"新篇章！

池　莉　徐　彬　记录整理

“海霞之声”女子读书联盟

林秀莲，1973 年 11 月出生，洞头县妇联副主席。

“海霞”名声越来越大，“海霞精神”得到越来越多人的理解和学习。可以说，洞头很多人，心里都有一份“海霞”情结，也都有一个“海霞梦”。海霞是一笔精神文化财富，养育了一代又一代洞头人。

“海霞之声”引领读书风尚

2010 年，在女子连建连 50 周年的时候，我们洞头县妇联成立了“海霞之声”女子读书联盟，当时有 40 来人参加。这个读书联盟主要是以关注女性热点，弘扬海霞精神，彰显妇女巾帼本色为主旨的。我们想通过这样一个读书联盟来搭建一个女性读书、学习、交流的平台，让女性开心读书，从读书中获得更多的乐趣。

读书联盟建立后，很受妇女群众的欢迎。我们活动的花样还是比较多的，也很有新意。因为这样办的活动，大家会更有兴趣参加，我们读书联盟也会更加有魅力。

刚开始，读书联盟还是以女性课堂为主要平台进行集中学习，还有在博客圈、微博、微信群、QQ 群晒晒自己的学习心得、交流心灵感悟。现在，大家基本不玩博客了，一般我们都是通过微信群、QQ 群发出公告，征集大家感兴趣的课题，然后，我们县妇联邀请相关专家学者来讲课。四年多来,我们举办了"红楼梦人物赏析""女性情绪管理与心理健康""家庭教育的智慧""职场女性形象管理与设计""找到你的着装色彩体系"等33场报告会,反响非常好。前几天,我们也刚刚做了一场女性与茶文化的茶事专场,姐妹们都很喜欢。因为场地有限,很多人没法参加,非常遗憾。同时,我们还通过公布推荐书目、为成员赠送图书等形式鼓励成员自主读书,写读书心得、体会等。大家会在微信和微博进行互动,点评点赞转发。年终的时候,我们还会向各成员征集本年度的优秀博文和习作,结集成册。大家看看,自己写的还能成书啊,就会热情高涨了。我们还举办过海霞之声迎新年联谊会、漫谈沙龙、广播访谈节目等活动,搭建了成员间交流的平台。我们通过各种方法激发女性读书兴趣,获得读书乐趣,增添生活情趣。

因为读书联盟骨干是以机关女干部和教师为主,所以我们也想从女性的角度为我们县的各项事业出点力。读书联盟主要是围绕党委政府中心工作和女性密切相关的话题,每次确定一个命题发动大家参与探讨。2010年,我们开展了"低碳家庭·时尚生活"主题征文活动,大家参与非常积极,结合自己的亲身经历或体验,从不同的角度,讲述了自己的低碳生活经历和收获,活动取得了良好效果。2011年,举办"妇女与发展"论坛,我们这些女性精英也大胆探索我县在建设国际性旅游休闲岛进程中,妇女面临的困难挑战与发展机遇,讨论妇女在转型升级中如何发挥更大作用,共同推进洞头的建设。2013年最有意思了,我们发起了"家庭教育大家谈"微博征文,不仅得到读书联盟成员的倾力支持,还得到全国网友热烈响应,甚至吸引了县里各级领导参加,还有男性参加,有的男同胞对家庭教育的认识非常到位,让我们女性很受鼓舞。这说明我们的读书活动辐射面和影响力都达到了新的层次。2014年,我们主要做了"最美家庭"系列活动,吸引成员和她们的子女进行"最美家庭·我写我画·我编我演·我说我述”的活动。这些温馨互动的活动,激发了成员对社会精神文明建设的参与热情。

现在回过头看看这几年的“命题作文”,我作为组织者和参与者,真的感觉到时代的变化非常明显,不仅有我们运用的媒介日新月异而带来的活动运作模式的改变,更感慨的是思想更迭,每一年的命题都折射出当时的特征和我们女性对社会、人生的思索,每一次探索的方式和运作的模式都与时代、科技、媒介息息相关,真的是“天空没有留下翅膀的痕迹,但我们已经飞过”。我感觉我们无意之中的一些做法,不仅让我们“海霞之声”女子读书联盟的每一个成员在“那时那刻”对那些特定问题进行深入思考,还有成员间思维的碰撞,激发出智慧的火花。这对我们工作是一个促进,对每位成员的读书活动甚至生活也起到了一定的带动作用。

“海霞之声”融合公益活动

“海霞之声”成员们在读书学习的同时,还积极参与各类公益活动。比如在2011年三八妇女节当天,“海霞之声”成员开展捐书献爱心活动,为东屏街道寮顶村的留守儿童送去了500多册少儿图书,捐建了1个农村留守儿童图书室。还有,这几年我们县妇联一直在做“为留守儿童征集代理家长”活动,这些成员都主动申请当起了留守儿童的代理妈妈,带孩子回家跟自己的小孩一起学习玩耍,有的还一起去温州玩,有的一起参加亲子游园、军事体验夏令营等活动,为这些留守儿童带来温暖。去年,我们大部分成员都参加了“五水共治”“巾帼在行动”系列活动和捐款。这几年,“海霞之声”成员们还参加了“爱如暖阳”冬衣捐赠、为困难家庭捐款、义务植树等诸多活动。通过公益活动的进行,增加了大家的爱心,也提高了“海霞之声”团体的活动力、凝聚力和社会美誉度。

几年下来,“海霞之声”成员的素质得到提升,对全县女性在读书方面的引领作用也十分明显,海霞的品牌效应已经得到体现,大家的认可度非常高。现在我们做活动,响应的人很多,机关女干部也以参加我们读书会为荣。人家一听,哦,你是“海霞之声”女子读书联盟的,有文化有品位的人哦。很多男同志对妻子说:“只要是读书联盟举办的活动,只要有空你赶紧参加,因为她们的活动都是很有档次的……”大家对我们的活动都非常支持。

海霞不仅在洞头家喻户晓,而且在温州地区很有名。去年我在上海交大学习,老师问我是哪里人,我说洞头她不知道,说海霞,她就明白了。她就问那你们都是女民兵咯,我说我们也有文状元的海霞啊！我们这个读书联盟让人耳目一新。三百六十行,行行有海霞。目前我县以“海霞”命名的志愿者队伍很多,有海霞妈妈、海霞电力服务队、海霞慈善义工等巾帼队伍,她们都活跃在我们洞头的经济社会建设各条战线上。我们这个“海霞之声”女子读书联盟的成立进一步传承了海霞精神,对“海霞群像”是一种丰富和补充,拓展了海霞品牌的外延。

有了“海霞之声”这个平台,引导了更多的女性多读书、读好书,让读书成为更多女性的一种生活方式,进而辐射到家庭、机关、社会,好处非常多。这种好处是没法用金钱衡量,没法用数据评估的,也是没法用语言完全展现的,是种典型的软实力,是女性读书的社会意义的根本体现。

海霞之声成员间的交流与沟通,达到了互相激励和促进成长的效果。目前,成员中有 2 人被吸收为省作协会员,4 人被吸收为市作协会员,有 4 人出版个人作品专辑共 7 部,在国家级刊物上发表文章 91 篇,在省、市报刊上发表文章 453 篇,其中有 50 多篇文章在各类主题征文活动中获奖。

陈爱花　徐　彬　记录整理

难忘的岁月

郭兴居，1936 年 3 月出生，曾任北沙乡人武部部长、民兵营长、党委书记、县物资局局长、粮食局局长。1996 年 10 月，被市委宣传部、温州日报社等 5 个单位评为“温州市十佳公仆”。2013 年 4 月，被中共洞头县委评为“四好”离退休干部。

1958 年，洞头成立了民兵团，我就参加了民兵工作，后来又参加了组建女子民兵连。1965 年 12 月，中央军委、国防部在杭州召开“军民联防模范连”命名庆功大会，也是我带着驻军六连、女子连、联防区一些干部去参加的。所以，我对女子民兵连有着深厚的感情，深刻的记忆。

当了儿童团长、民兵队长

洞头刚解放，为了保卫胜利果实，不再受两遍苦，北沙乡组织了儿童团、妇女会、民兵队。柴岙村十几名少年儿童组成一个儿童团，我担任团长。我们手拿红缨枪、查路条，检查可疑人员。把红、绿、黄纸裁成长方形，贴在小旗杆上，做成小旗子。为配合形势宣传，我们边走边喊。1956 年，经政治审查，柴岙村组织了一个民兵队，有 16 人，我担任民兵队长。部队曾派人训练我们。晚上我们集中在村部楼上睡觉。站岗放哨时，是两人一岗，严防敌人破坏，保卫群众安全。

由于工作积极，我于 1956 年 11 月加入共产党，那年我 20 岁。

鱼胶送给毛主席

1957年10月，渔船老大郭朝柱（柴岙人）当时30多岁，是柴岙民兵连运输排排长，他们在东海捕到一条重120多斤的黄鱼鳖。在渔民心目中，黄鱼鳖是神，很难捕到。黄鱼鳖体内的鱼胶晒干后有2斤多重，长约50厘米，宽18厘米多，黄鱼鳖全身的精气都集中在鱼胶，吃它最补元气。渔民、民兵们都说毛主席日理万机，他是百姓的救星、大恩人，要把黄鱼胶送给毛主席。黄高成和我委派的高级社出纳、双垅民兵基干排排长蔡宝（柴岙人）到邮局把黄鱼胶寄到北京，送给毛主席。后来，中央办公厅寄来一封信，说鱼胶已收到，表示感谢，以后不要再寄了。可惜现在找不到那封信了，要不那是珍贵的档案材料。

1958年，全国高举总路线、“大跃进”“人民公社”三面红旗，多快好省地建设社会主义，各地大办人民公社。当时北沙有两个高级合作社。第一高级合作社辖东沙、柴岙、九厅、双垄村。黄高成担任社长，我担任副社长。不过是脱产的，收入是按工分分配的，我是按渔船老大标准。第二高级社辖桐桥、鸽尾礁、大王殿村，社长是刘克全。1959年下半年，政社合一，把两个社并为一个社叫红旗社。黄高成任社长，周克晚任书记，刘克全担任副社长，管生产，我担任副社长管组织、管财务。所以，后来我就参加了组建女子连工作。

组建女子连

我们洞头为啥组建了女子民兵连？树有根，水有源，这是有历史原因的。

1958年，毛主席向全国人民发出大办民兵师的号召，全国人民积极响应。驻岛部队首长曾说，洞头是祖国的东大门，海防前哨。“守住海岛一寸土，等于大陆一座山。”要加强海防工作，组建民兵队伍。同年，洞头也成立了民兵团，而当时北沙、桐桥有一个民兵连，其中有一个女子民兵排，汪月霞担任排长，她带领女民兵们参加训练站岗放哨，帮助部队洗衣洗被子，她组织的八个女民兵，5年间为部队洗衣服六千多件，在大演习中，她们翻山越岭，给部队送水送饭、运送弹药。1960年4月，汪月霞和洞头工委副书记唐升銮出席了全国第一次民兵代表大会。汪月霞在主席台就座，并在大会上做了发言，题目是“永远战斗在祖国的最前线”，还受到了毛主席、周恩来总理、朱德总司令等中央领导的接见并合影。国防部以毛主席的名义，赠送汪月霞半自动步枪和子弹。5月初，中共洞头工委与驻军26团在洞头剧院召开庆祝毛主席接见洞头民兵大会，北岙镇、洞头、南塘、北沙等四个乡镇各100人，其他各乡镇5到10人，部队官兵100多人，总共有近700人参加会议，唐升銮、汪月霞背着半自动步枪，站在主席台上。洞头工委书记胡维祯和驻岛部队首长关克涛分别讲了话，说这是党中央、国防部对洞头军民联防工作的充分肯定，是对我们巨大的鼓舞，我们要珍惜荣誉，要再接再厉，进一步搞好军民联防，报答党中央、国防部对我们的关心。

当时由于战略需要，便于统一指挥，地方和部队领导互兼职务，县委书记胡维祯兼任26团副政委，驻岛部队首长关克涛兼任洞头工委副书记。庆祝大会后不久，胡维祯在北沙管委会办公室，召集了我、周克晚、汪章铺等一些干部，代表洞头工委驻岛部队26团党委，宣布了一道任命：遵照南京军区、省军区、温州军分区的指示，要把女子民兵排扩成1个连，特成立1个筹建领导小组，由驻军六连指导员王金柱任组长，负责全面工作，副排长陈献南为成员，负责组建后女民兵的军事训练，我任副组长，负责招收女民兵时的政审。

组建女子连并非一帆风顺。那时，有的群众封建残余观念较严重，特别是一些家属，反对姑娘参加女子民兵连，认为大姑娘、小媳妇参加射击训练，趴在地上成什么体统。他们对女民兵晚上和男人在一起巡逻放哨不放心，而且加入女子连影响经济收入，做家务活也没时间。我和陈献南还有乡村干部，进村入户，进行动员。有些人上山干活或到北岙等地有事，白天找不到，晚上找，一次找不到，两次、三次地找。经过艰苦细致的思想工作，许多渔家姑娘踊跃报名，要求参加女子民兵连。我为了集中精力搞好女民兵的政审工作，减少事务、家务对我的影响，一个多月时间住在六连山后的海军观通站。观通站腾出一个房间给我，作为办公室和寝室，就在六连食堂吃饭。经过一个多月的筹备，北沙女子民兵连成立了。女子民兵连由北沙管理区的桐桥、柴岙、鸽尾礁、大王殿等 7 个村（28 个自然村）120 名女民兵组成，编成 4 个排、12 个班。汪月霞担任连长、梁爱菊兼任指导员（丽水人，时任北沙小学校长）。几个月后，梁爱菊被保送到杭州读书，由副连长陈玉兰接任指导员，陈玉兰一干就是 24 年。

军民联防不断发展

女子民兵连成立后，和驻军六连开展“联防、联训、联建、联心、联文”活动，认真贯彻毛主席关于民兵工作三落实的指示：一是政治落实，要认真学习党的方针政策、马列主义、毛泽东思想；二是军事落实，要达到“四熟一懂”：熟识手中武器的分解结合，熟识阵地、地形地貌，熟识自己所处位置，熟识友邻位置，懂得按目标打法；三是组织落实，班、排、连、营、团、师干部战士配置健全，达到“招之能来，来之能战，战之能胜”的效果，也就是拉得出，联得上，打得赢。这些工作都离不开六连的帮助指导。

1960 年 6 月，南京军区陆海空三军及民兵联合军事演习在洞头举行。洞头驻军和全县 3000 多名民兵，参加了军事演习，中国人民解放军副总参谋长彭绍辉将军和各兵种、各大军区首长前来观察，南京、济南、广州、福州四大军区首长亲临指挥。北沙民兵，尤其是女民兵，协同演习出色地完成任务，受到首长好评。

20世纪60年代，物质条件差，买肉、买酒、买布等都要凭票，但民兵们精神状态很好，士气高，以苦为乐。在艰苦的训练、劳动之余，唱唱歌，讲讲故事，甚至开开玩笑。由于大家都同乡同村，十分熟悉，没有约束。休息时，六连战士和男民兵坐在一旁，女民兵坐在一旁。男同志念起顺口溜："女民兵找对象标准是'一颗星太小，两个星刚好，三颗星找不到，四颗星太老'（指部队衣服上按级别佩带的星星）。"说完，大家哈哈大笑，忘记了疲劳。

演出队和尖子班

当时，部队和民兵遵照"自编自演、小型多样、短小精悍、喜闻乐见"的方针，每个连队都有一支军民演出队伍。整个洞头岛文化生活、政治学习氛围十分活跃，群众文艺十分繁荣。最为突出的是桐桥军民演出队。这支演出队由六连的陈献南、张乃真、苏尔金和女子连的林静叶、郑小云、张千金、林彩英等20多人组成。海军观潮站正副站长也参加，他们利用休息时间，排了众多节目，到洞头本岛各基层连队演出，还到南北麂、海军水警区演出。1964年3月，《咱连三个组》舞蹈获南京军区文艺会演创作奖、演出奖。1965年1月到北京演出，毛主席等老一辈无产阶级革命家们，观看了他们的演出，接见了他们并合影。周总理设宴宴请演出队的同志们。军民演出队的努力，为军民联防工作锦上添花。军民演出队和他们的连队一样，走过了十几年的光辉历程，立下了不朽的功勋。

为了推动全连军事训练工作，我们和驻岛部队、女子连商量，由汪月霞和陈玉兰挑选了十几名战士组成了一个尖子班，由陈玉兰担任班长。她们勤学苦练，学队列、刺杀、射击等课目，掌握了过硬的本领。1964年，尖子班到龙湾状元桥镇训练，住民房睡地上。住地周围有很多甘蔗，她们遵守三大纪律八项注意，没有人去砍甘蔗来吃。后来汪月霞带5人到南京比武，取得了优秀成绩。观看比赛的首长、代表，称赞女子连官兵本领过硬，真不简单。表彰会上,国防部副部长、南京军区司令员许世友上将,亲自为尖子班民兵颁发奖章。尖子班为女子民兵连,为洞头争得了荣誉。

参加杭州庆功会

1965年12月12日至12月15日,中央军委、国防部在杭州人民大会堂隆重召开命名庆功大会。驻军六连、女子连班以上干部,联防区民兵副连以上干部计36人前往参加,由我带队。温州军分区还派船艇来护送我们到温州。我们转乘汽车到金华,在金华住了一晚,第二天上午再乘火车到了杭州。那天,在命名庆功会主席台就座的有国防部原副部长,南京军区司令员许世友上将,省委书记江华,省长周建人,省军区首长、温州军分区司令员王福堂,洞头县副县长马连双,北沙党委书记周克晚等人。会上许世友司令员代表国防部,授予六连"军民联防模范连"锦旗。上台接旗的是六连连长李代光、指导员陈献南。省委、省军区授予女子民兵连集体一等功,由汪月霞上台领奖。桐桥鸽尾礁村两个民兵连荣获集体二等功,柴岙、大王殿村两个民兵连荣获集体三等功,由六连联防区民兵连主官汪月霞、林静叶上台领奖状和毛主席著作。

会议结束后,许世友上将、省委书记江华、省长周建人、省军区、温州军分区首长、民兵联防模范连官兵和联防区干部、女子民兵连干部,在杭州大华照相馆合影留念。这次命名庆功会对全县军民是巨大的鼓舞,使军民联防工作更上一层楼。

在十年动乱中

在"文化大革命"中,汪月霞被关押、游街、批斗,还说汪月霞、女子连是假标兵、黑典型。指导员陈玉兰成了连队的主心骨,带领女子连官兵坚持政治学习、坚持训练、坚持站岗,使女子连这面红旗继续飘扬。我在1956年入党，汪月霞是1959年入党，我是汪月霞的入党介绍人之一。由于我是北沙人武部部长、民兵营营长、公社党委书记兼革委会主任。造反派说我是黑干将，说树汪月霞女子连为典型，我是出了力的。我的日子很不好过，受打击、排挤，要参加学习班学习。当时“四人帮”揪“军内一小撮”造反派说：“人武干部是地头蛇。”在东沙会议室，造反派批斗我，要我表态，女子民兵连汪月霞是真标兵还是假标兵。我说我文化低，工农干部，我认为是真标兵。结果检查交代一遍又一遍，也不能过关。现在看到了亲自参加组建的女子连发展壮大了，我很高兴。

永恒的怀念

女民兵们积极参加生产劳动，苦练军事本领，甚至把自己的生命也献给了我们海岛建设事业。对于这些英雄的战士，我们将永远怀念。1966年3月18日，九厅后围塘工程民工调整转移建造过程中，超载翻船造成12人死亡，其中女子民兵连有3位女民兵：郭挑，时年23岁，柴岙人，嫁入鸽尾礁，另两位姑娘王爱云、陈阿香都只有18岁。那时我30岁左右，年轻力壮，怕遇难者尸体被潮水带出闸门，到外海就不好找了，我只穿了条短裤，和十几名部队战士、基干民兵守在闸门口，打捞尸体。这是一次意外事故，也是一次揪心的事故。事后我和乡村干部、部队官兵到遇难者的家里，做遇难者家属的思想工作。后来在东沙操场，召开了千人追悼大会，温州军分区司令员王福堂大校亲临会场致悼词。

功成不忘党恩

1992年5月，洞头先锋女子民兵连被中国人民解放军总参谋部、总政治部评为“全国民兵预备役部队基层工作先进单位”。

8月12日，我县贝雕厂精心制作了一幅大型贝雕画《岁寒三友》，由洞头县常务副县长沈茂斌和女子民兵连首任连长汪月霞专程送往总参谋部，总政治部。《人民日报》《解放军报》先后做了报道。贝雕画中的杜鹃花满山红，代表女子连的官兵，象征着她们的朝气蓬勃、飒爽英姿。

今昔对比，变化很大，洞头先锋女子民兵连已从单一的步兵，发展为步兵、高炮、战场救护、通讯合成的连队。当年的女民兵都是文盲、半文盲文化程度，现在都是高中毕业以上的文化程度，还有大专生、本科生来当女民兵。当年穿着破旧的民服，今天穿统一制式军装，飒爽英姿。在党和各级政府的关怀、支持下，女子连不断发展壮大。

陈海鸥　徐　彬　陈后孟　记录整理

海霞妈妈服务队

蔡燕,1948 年 4 月出生,海霞妈妈服务队队长、温州市优秀“五老护苗”志愿者、2011 年度温州市优秀消费维权义工、第四届温州市“十佳女性”、2012 年度洞头县“百岛最美社会工作者”、2004—2005 年度洞头县“十佳巾帼”志愿者。

“海霞”精神是我们洞头人的精神,“海霞”也是我们洞头的品牌。虽然我们都是些已经当上“奶奶”“妈妈”的人,但是学习“海霞”精神,宣传“海霞”精神,弘扬“海霞”精神,也是人人有份。有了这门心思,我们才走在一起,做公益、办好事,成了人见人夸的海霞妈妈服务队。我们曾被评为“温州市杰出平安志愿服务队”和“浙江省优秀平安志愿服务队”。

“海霞”情系服务队

我们海霞妈妈服务队中有相当一部分人是当过女民兵的,对民兵也是有感情的。年轻的时候我也曾当过民兵,大约在 15 岁的时候,我跟姐姐一起加入了当时的“居民连”(按居民区编连队)。我们训练用的是那种很老式的步枪,而且每期训练每人只有三发子弹。后来,有了自动步枪,但训练时只能三个人配一把。

现在的海霞女民兵们,我既羡慕她们能有这样好的一个环境,又很佩服她们训练时的刻苦。她们的训练装备比我们那时真的好了很多,但现在的训练也比较正规,训练的时间、难度、强度也都增加了。特别是前次在安徽三界集训，我听说她们在那里的生活条件很艰苦。刚过去时，很多小姑娘水土不服，吃的菜都太辣，用的水竟是黄色的，用脸盆一接，盆底都能沉淀出一层黄土来，而且由于周围都是男兵，女兵只有她们一队，生活有些方面也不方便。平时，她们除了训练外，就只能待在营房里，而且训练强度很大，每个人的身上都有乌青，每天训练完后躺在床上连翻身都很困难。在这样艰苦的条件下，她们还能取得这么好的成绩真的很不容易，我们应该向她们学习。作为“海霞妈妈”，也应有“海霞”精神，在社会的方方面面尽自己所能发挥余热，把“海霞”这个品牌打响，为“海霞”增辉。我们海霞妈妈服务队就是在这种思想下建立起来的。

2010 年 4 月 28 日，我们“海霞妈妈志愿者服务队”成立了。成员大都是一些年龄超过 60 岁的老妈妈，其中有老干部、老教师、退休工人等，年龄最大的有 72 岁，最小的也有 53 岁，开始只有二十多人，后来队伍不断发展壮大，现有队员近 400 人。每个社区配备了八大网格，每一个海霞妈妈都是我们网格里面的信息员、调解员。他们会把社区里面发生的事情第一时间在网格里面解决，如果有解决不了的事情，会直接向社区干部反馈。

记得当时成立时，有的人也有顾虑。就拿海霞妈妈上街穿红马甲这一事，那时我家老头刚去世，洞头人习惯用白布条扎在手臂上悼念亲人，让我穿着红马甲在街上巡逻，心里总觉得不是滋味，镇党委领导跟我说：“阿姨阿姨，外面要是有人来检查，你红马甲穿一下就行，其他时间就不用穿了。”这样我才答应。过去，有的人对海霞妈妈是也有点误解的，比如有一次，我们去打扫卫生，有户人家的人就像下命令一样，叫我们扫这扫那，我们就告诉她，大的地方我们可以帮你，你家后门的这些阴沟，你自己也动手整理吧，总不能让我们跳到你家的阴沟里打扫吧。后来没过多久，这个人也加入了海霞妈妈的队伍，才知道原来海霞妈妈是如此辛苦的。她说，刚开始进海霞妈妈队伍的时候，她儿子也很不理解，说你跑去扫大街，别人会怎么看我们，后来慢慢也转变了思想，也支持他妈妈的工作了。说得实在点，就是一群老人家在一起能聚聚，唠唠话，做点好事，也是老有所乐。省里的记者来采访我们的时候，问我们有什么目的的时候，我就告诉他："第一点是我们想为社会做点事情，第二点就是大家能在一起开开心心的。"

文明卫生创县城

在北岙街道的街头巷尾，服务队的老人们每天穿着红马甲，轮班进行巡逻。哪里门前"三包"做得不好，去劝劝；哪里邻里纠纷了，帮忙去说说；哪里有矫正对象，去做做思想工作……我们所做的每一项工作，都是出于自己的真情，我们想在自己的晚年，奉献余热，回报社会。

如洞头创建卫生文明，海霞妈妈是尽心尽力的。第一次洞头创卫，是环境最差的一次。市里要来检查的时候，我们清理了很久。县里创卫要打扫卫生，请外来务工人员来帮你做，不但不好看，而且也不会用心去做，那些很小的巷子，人都钻不进去了，谁会进去帮你整理？我们海霞妈妈会尽心去做这些事情。比如红石楼后面的房子租给了外来的年轻人住，租客会把垃圾丢到那个小巷子里。那巷子是很窄的，胖一点的人是进不去的，而且味道很重，一般人根本受不了，我们都轮换着去清理。还有，有些居民，屋外的东西都乱摆放，有些是没用的东西，我们就要去做他们的思想工作，没用的东西就搬到街上，有些人不肯自己搬，我们这些老太婆就帮他们搬出来，放到大街上，让环卫工人来整理。环卫工人还来怪我们："怎么回事，垃圾怎么那么多，天天要来帮你们拉。"我们只能说："你以为我们爱整理呀，整理得多，我们付出就多，我们总不会把家里好的东西搬出来吧，这些都是垃圾，我们都是为了洞头县的荣誉。"那时候我孙女还小，我儿子不会帮女儿扎头发，孩子还在睡觉，我就把她头发一把扎起来，左一下，右一下，扎好让我儿子做早餐给她吃就可以了，然后自己6点多就出门去东屏公园守着，防止别人重新把垃圾丢在地上。

调解矛盾促和谐

我们经常去关心吸毒的人员，教导那些孩子毒品是不能沾的，对身体有伤害，对家庭也有伤害。我们主要是做他们的思想工作。我感觉这个思想工作不是特别好做。因为这些孩子，你教育他的时候，他也不会凶你，就和你打马虎眼，嗯嗯哦哦的，难度真的是挺大的。

还有矛盾调节方面，比如土地纠纷，我们没执法权，就没办法解决了。一些像婆媳矛盾、邻里纠纷这样的问题，我们就可以帮助了。如有一户在经济上有矛盾的婆媳，婆婆有一间店，老人家没工作也没退休金，所有生活开销，包括生病什么的，都要靠这间店的收入，但年轻人不理解，总觉得婆婆有钱不拿出来用，所以积怨挺深。婆婆曾经生气要把媳妇赶出家，还有人背后给她出主意，让她去信访。我就告诉他："阿姨阿姨，你不能听人说，你去信访，把事情闹大了，你媳妇以后都不来看你，怎么办。你住在楼上，儿子媳妇每天进进出出，多多少少还能看到你是否还好，别人可不能天天来看你，顶多就是多久来一次。"我们也去做媳妇的工作，我们是这样说的："如果以后你老了，你的孩子也不来看你，你该怎么办，你婆婆性格是比较温和的，她店里赚来的那些钱，也拿不到哪去，到最后也都还是留下来给你们，你现在都不给她留点，她生病上医院要怎么办，现在医院费用还那么高。"就这样，我们做了好几次的工作，终于做通了。我们现在路过她们店门口，她们也都会和我们打招呼。还有两个邻居就是因为房子排水阴沟方面的事情，闹了矛盾，好在其中有一方就是我们海霞妈妈里的成员，比较好调节。我总认为现在的人，生活条件越来越好，年轻人知识越来越丰富，素质也有变好，婆媳关系这方面，不像过去那样，一点点小事就产生纠纷，现在大家都文明多了。

去年八九月份，文明办要弄市场整顿管理，我们城中社区也去帮了整整两个月的忙。商户对我们老人家也不会怎么样。有时候商户与管理人员闹起来，我们就说："这也是他们的工作，你们不能这样凶。现在你们把市场弄得那么乱，交通都堵塞了，影响大家生活。我们年纪那么大也出来管，为什么呢？就是为了大家好，你摆进去一点又有什么关系，也不差这几寸土地，这样跟人家凶，是不对的。"通过整顿市场环境好多了，现在去市场买菜，也没以前那样乱挤乱排了。其实我们海霞妈妈也没有执法权，叫我们过去，就是叫我们去当和事佬，如果吵架了，海霞妈妈都是老人家，在边上劝架，年轻人对我们尊重一点也听一点。

加强巡防保平安

在治安巡逻这方面，原来我们夕阳红巡逻队只在小巷子里巡逻的，海霞妈妈服务队成立后范围大了，每个片区都涉及了。每个星期，我们都安排 7 个组。每个组都有 8 个人在巡逻，挨家挨户去看，比如说谁家窗户没关紧，我们就要将温馨提示单塞到他家门里，告知他们要注意关紧门窗。

在消防方面遇到问题较多。后街这里都是些木质的房屋，有些是上百年的老房子，还有许多八九十岁的老人家住在这里，老人家都会烧下香，烧下纸钱什么的。我们一旦发现，就会及时去制止，因为烧香烧纸钱这个事情，存在很大的消防安全隐患，都是老房子，一弄不好就会引起火灾的。这也是我们在巡逻中特别交代要注意的事情。过年边（年终近春节时），我们从农历二十六晚就开始守，一直守到元宵结束。当时，有一次火灾发生，消防队救完火后，我们还不放心，依旧派人在火灾现场那里守着，果然火又着了，幸好我们在，否则不知道又要损失多少财产。

拥军助民情更深

拥军是我们洞头百姓的光荣传统。以前，我们海霞妈妈去

到部队，就帮部队洗衣服，现在过年过节都去包饺子、包粽子、包汤圆等。岭背是跟燕子山边防所进行联防的，上新居委是跟武警的，我们城中和银海是跟消防队挂钩的，我们每年都会去部队里慰问，特别是迎新兵送老兵的时候。部队对我们的到来也很高兴，有几个孩子都很亲切地叫我们阿姨。2011 年，我去送老兵，那个老兵是文艺兵，经常和我们搞联欢，那个时候送他，真的有点舍不得。我这个人很脆弱，感觉到自己眼泪真的掉下来了。这个孩子很乖的，每次我们去慰问他，他嘴巴都特别特别的甜。走的时候我和他说："洞头是你的第二故乡，以后要经常回来看看。"他都说阿姨会的会的。

在社会公益方面，我们也会去照顾孤寡老人，不是一次去了就不去了，经常都会去看看这些孤寡老人，其中有十几人，是我们重点照顾的。我们以关照孤寡老人为主，还会关照残疾儿童，比如有一个小孩，叫陈坤，高度烧伤，残疾了，很可怜。我们经常去看他，买点东西慰问他。这个孩子手都烧扭曲了，长期躺在床上，他妈妈得专门照顾他。我们这些海霞妈妈是没有经费的，就有一次，妇联举办"最美洞头人"活动，奖励我们 500 块钱，我们就从这钱里拿出一些来，买了点东西慰问这个孩子，平时我们去看他都是我们自己出钱的。

我在辖区这里帮忙，已经做了十几年了。很多人误会了，说我就是在辖区正式在岗工作的。我就开玩笑说："我一个退休的老人家还在这里占位置，让别人没工资拿，那人还不把我打死。"甚至连我弟弟、我家里人很长时间都不知道我干这些事是没工资尽义务的，直到有一天说起来他们才知道。我说我老了，有时坐家里也闲不住，出来做点事心里也畅快些。大家称我们是"海霞妈妈"也是一种尊重、一份荣誉。

陈海鸥　徐　彬　庄永久　记录整理

一支英姿飒爽的文艺轻骑

苏彩标，1945年12月出生，1964年应征入伍，在洞头6415部队服役，历任班长、排长、连队指导员，团政治处文化干事，曾被选调组建温州军分区军民文工团、洞头部队战士文艺演出队、洞头县军民文宣队。1978年转业，曾任洞头县风景旅游局局长、洞头县文体局局长。当选中共洞头县委五届委员会委员、洞头县第八届人大代表、常委。

半个世纪一晃而过，55年风风雨雨，55年打拼奋斗，洞头先锋女子民兵连数十年如一日，经过了各种风暴的洗礼，经过各个时期的锤炼，更加熠熠生辉，犹如一把利剑，插在东海最前哨。全连女民兵劳武结合，横刀立马，百步穿杨，在百岛洞头筑起一道道坚不可摧的海上堡垒。

人们也许只知道洞头先锋女子民兵连，是一把利剑，一支劲旅，但鲜为人知的是，她们也是一支活跃在海岛文化战线上的尖兵和轻骑。1952年1月15日洞头列岛解放后，中国人民解放军105师驻守洞头，当时师部保留有师文工团，编制20名，男、女兵各10名。师部文工团活跃在海岛各驻军防区和渔村，受驻岛部队105师的影响和带动，地方先后建立了农村俱乐部，进一步丰富了军、地指战员们和广大百姓的文艺生活。同时也助推了军地文化的繁荣和海岛文艺人才的成长。

军民演唱组

1959年，国防部大力抓了两件事：一是在全军开展了大练兵，推广郭兴福练兵教学方法经验；二是为突出政治，加强连队基层思想政治工作。当时，由总政治部提出，经国防部批准，连队要建立演唱组，其宗旨是“自编自演，小型多样，短小精悍，喜闻乐见”十六个字。这一号召发出后在全军立即得到执行，每个连队都纷纷建立连队演唱组。到了1960年后，洞头驻军只有1个加强团、3个步炮混编营、1个一二〇炮营、3个直属连和1个卫生队，共16个连队，外加1个海军雷达连。每个连队都相继建立战士演唱组。

当时驻岛6415部队最好的演唱组是二营六连，驻岛部队政治处要重点扶持“六连演唱组”，主要成员由二营其他连队选调，如“笛子大王”蔡宏友从四连调入，“唢呐手”薛正贵从八五炮连调入，陈可林是从温州歌舞团入伍直接分配到六连，还有洪云宽是从省军区战士演出队回部队直接选调到六连。当时六连人才济济，有陈献南、张乃真、陈可林、苏尔金、康招珍、戒书孝、张孚忠、李发财、许坚定等，形成较大阵容的演唱组和军民演出队。其次，是我所在的一营八二炮连演唱组，经常被团部和温州军分区抽调进行巡回演出。

1958年，毛主席提出了大办民兵师，从1961年至1963年，我国遭受三年困难时期，盘踞在台湾的国民党当局叫嚣，组织反攻大陆，部队都处于一级战备状态，南京军区给洞头驻岛部队守岛原则是“以岛为家，以苦为荣，长期作战，独立死守”。所以这一时期，连续6年部队都征用当地的青年入伍，补充兵源。这一时期，由于战备的需要，军民“联防、联建、联训、联心、联文”活动，开展得热火朝天，把“军民并肩，保卫海岛，建设海岛”的活动推向了一个崭新的阶段。在普及连队演唱组的基础上，又普遍建立连队和联防区民兵组成的军民宣传队和军民演唱队，这时期地方和农村俱乐部和演出队，在本岛和半屏山岛有20多支。比较好的有东岙顶村、东沙村、山头顶九仙村，还有北岙农业大队等。而北沙女民兵连演唱组最为突出，是全县的佼佼者。北沙女子民兵俱乐部是全县文艺战线的一面旗帜。这时期参加演唱组的女民兵主要有张千金、林振叶、陈爱花、张爱华、王红莲、许彩花、陈后花、倪阿媚等。男民兵有许文章、郑德强、洪作忠。他们演出的节目无论从内容上，还是节目的形式上，都具有较高的品质。军民演唱组、演出队的成立，大大推动了军地的文化繁荣，并培养了大批的军地文艺骨干，从而活跃军营和地方群众文化生活，同时也提高了军民思想觉悟，净化了社会风气，谱写了许多军民联防、军民联文的动人篇章。1965年，驻岛部队被中华人民共和国国防部授予“军民联防二等功臣团”荣誉称号，驻岛部队二营六连也同时被国防部命名为“军民联防模范连”。

文艺轻骑兵

20世纪60年代，在女子民兵连里，许多既是百步穿杨的特等射手，又是能歌善舞的明星演员，如女子民兵连副指导员林振叶，她是个用机枪的特等射手。林振叶是女子连的连队团支部书记，毕业于温州市洞头水产中等学校，我与她是同校的校友，在当时那个年代，有这样的文化程度也该算是高才生了。她是女民兵演出队的主要骨干。60年代末，她被抽调到温州组台参加省文艺会演，她作为编导，编排了《刺杀舞》《螺号声声》。桐桥男民兵洪作忠作为吹螺号手也一并参加，节目代表温州地区获得了优秀创作奖和表演一等奖。参加的还有徐彩花、陈后花、马美娇、吴柳妹。1963年，她们参加南京军区组织军事大比武，个个都取得军事课目表演优秀的战绩，成为军事的行家高手，同时也是演出队里，能歌善舞的多才多艺的“明星”演员。当时军民演出队主要靠自编自演，他们创作《歌唱英雄汪月霞》《军民联防好》《歌唱咱六连》《练武歌》《永远战斗在海岛》的主唱和合唱。还有锣鼓词《严阵以待》、表演唱《送礼》、舞蹈《洗衣歌》《军民联防》等节目。

记得《练舞歌》歌词是：

观潮山、洞头港，银锄闪光白帆扬。
东边生产西练武，军民团结搞联防。
螺号吹起震天响，放下银锄端起枪。
田头当作练武场，劳武结合好方向。
不怕烈日当头照，狂风暴雨无阻挡。
个个练成神枪手，配合大军守海防。

《永远战斗在海岛》歌词是：

从东北，到海南，祖国海疆弯又长。
茫茫大海是鱼轮，海岛港湾是屏障。
你是祖国宝岛，你是东海前哨。
保卫幸福责任强，洞头军民闹联防。
战士民兵心连心，昼夜生产练武忙。
全民都是兵和将，海防线上坚如钢。

我1964年入伍，被分配到驻岛部队一营八二炮连，因有文艺和乐器的基础和爱好，很快就加入了连队演唱组，经常被抽调到团部组织的战士演出队、温州军分区文工团、县文宣队。这期间，连队演唱组经常与六连军民演出队同台演出。1970年初，我调入团政治处任文化干事期间，曾经三次分别带总政歌剧团、总政歌舞团、浙江省军区文工团进军民模范连和洞头先锋女子民兵连里体验生活和采风。

1970年冬季，洞头县革委会举行了军民文艺会演，共演出了四台文艺节目，多数为音乐舞蹈类的节目，当时，我任驻岛部队政治处文化干事，参加洞头县文艺会演筹备组，任副组长，负责节目评比和舞台节目组合工作。记得六连民兵演出队选送的锣鼓词《严阵以待》《刺杀舞》《歌唱我们的好连长》和三盘乡选送的一个对口剧《知识青年到农村去》和《织网舞》节目，分别获一、二等节目表演奖和优秀创作奖的好成绩。

1973 年 8 月，南京军区举行大型文艺调演，温州军分区创作编排一台专场歌颂军民联防模范连和海霞女子民兵连先进事迹内容的节目，我被抽调到温州军分区文工团，在时任温州军分区宣传科长陈文虞、陈克林干事带领下，我们 35 名男女兵在模范连六连和海霞女子民兵连体验生活、采访、收集材料进行创作，共创作编排了 13 个节目。组歌联唱包括歌曲《军民联防模范连》、温州道情《为毛主席革命路线扛好枪》，反映汪月霞先进事迹；温州鼓词《党叫干啥就干啥》，反映指导员爱民标兵陈献南；女声表演唱《老班长回娘家》，歌颂女子民兵连的动人事迹；歌舞《送水》，反映军民联防内容等。同时从军民联防模范连抽调了副连长戎书孝、徐道斌、王康平、徐军强还有女民兵郑小云等人。这台戏后来在温州地区进行巡回展演，反响热烈，每到之处，欢声雷动，掌声不断。

还有二任连长许玉莲、副连长陈杏园、排长吴爱莲，当年尖子班的姑娘许玉英、许玉凤、方爱菊、许翠花、杨小云、许海英、林英等老民兵于 2012 年在县海霞文化研究会成立先后，组织了一个健身队，自购录音机、服装、道具，她们在“浙江在线”的联欢中展示了海霞风采。她们演唱的《渔家姑娘在海边》，还有民兵队列展示都给晚会观众留下了深刻的好印象。

2011 年之后，在女子连第六任连长王伽伽的带领下，女子民兵连经常在军营、社区为军民展示盾牌舞、队列舞、小品、表演唱等喜闻乐见的文艺节目。她们多次参加市、县导游才艺比赛，获得十佳导游称号，并在上海旅游宣传促销会上，一展

风采,轰动上海旅交会。我被她们的才艺所感动,写了一首顺口溜:

新一代女民兵迈新步,创办了旅游公司导游部。十佳导游脱颖而出,赢来掌声和欢呼。新海霞、新风采,旅游招商情满怀。营销宣传到上海,身穿迷彩上展台。洞头先锋女子连亮了牌,格斗操整步迈,巾帼英雄有气派。《渔家姑娘在海边》,歌声掌声亮展台。新闻媒体纷纷来,轰动了整个大上海。新一代,老一代,全靠前辈传帮带,新时代,新姿态,海霞精神传后代。

献演进北京

1964 年底,解放军总政治部组织全军文艺会演。当时全国有 12 个大军区,分 3 批进行。南京军区、济南军区、昆明军区、武汉军区被安排在第二批。南京军区演出队共有 30 多名官兵组成,从军民模范连军民演出队抽选,其中六连演唱组 6 人参加,他们是陈献男、张乃真、陈可林、苏尔金、康招珍、蔡洪友。为了这次进京汇报演出,浙江省军区、温州军分区和团政治处三级成立 9 人辅导小组,他们是省军区的张伟令、郭静波、包福安、成大颜等,还有军分区文化干事陈文虞和团里的俱乐部主任陈小武。期间对进京汇报演出节目进行了封闭式辅导加工,共用了 20 多天。而后在南京军区又住了 20 多天,对节目内容进行进一步筛选和提炼。他们到北京住在广安门总参招待所,一住就是 40 多天。当时国家文化部组织少数民族文艺团体会演,除了观看学习外,其他时间都在招待所排练。

1965 年 1 月 14 日下午,南京军区演出队为中央首长汇报演出。毛泽东、刘少奇、周恩来、朱德、邓小平等党和国家领导人观看了演出,其中六连演唱组表演了 3 个节目:笛子独奏《出海》,抒发了海岛渔民踏平东海万顷浪、归港鱼虾堆满舱的喜悦心情;

对口词《军民并肩守铜山》，表现了军民共建、构筑海上钢铁长城的坚定决心；三人舞《咱连三个组》，反映的是学习雷锋好八连后，连里助人为乐成风，同志们自动结合，组成理发、补鞋、木工三个小组。这个舞蹈，集中地反映了三个组全心全意为连队服务的满腔热情。由于兵演兵，兵味十足，反映军民生活，生动有趣，富有感染力，获得了中央首长赞扬。

之后，在京的各个军区演出队分别到中南海演出，六连演唱组表演了对口词《军民并肩守铜山》和笛子独奏《出海》两个节目。周总理坐在第三排，观看了当晚的各大军区在京演出队的部分节目，看完后，说："演得很好，继续努力。"当晚演出由总政治部副主任刘志坚、独臂将军彭绍辉，还有全国人大常委会副委员长阿沛·阿旺晋美，党外人士张奇若、张鼎成，总政治部文化部副部长李维少将陪同。晚上在中南海宴会厅宴请了演员们。进入宴会厅，每桌指派一人为席长，到服务台领取象牙筷子，要打条子，写上单位，席长姓名。宴会结束，送还象牙筷子，收回条子。象牙筷子约有普通筷子 1.5 倍长，上方下圆。筷子上方四面有嫦娥奔月、山水等图案，十分精致。宴会上喝的是茅台酒，有 8 个菜，其中一个是日本料理，凉拌瓜果之类，味道淡淡的。周总理到我们这桌，说海防官兵辛苦啦！并问日本料理味道怎么样？总理还说："没有好吃的招待，给战士吃饱是有的。"交谈数句后，又说大家还是习惯吃中式菜肴。周总理临走前交代罗清长好好陪演出队人员吃饭，他要开会去了。在北京期间，时任中央军委副主席叶剑英、解放军总参谋长罗瑞卿、中国科学院院长郭沫若专门到招待所看望了演出队的同志。在北京住了 47 天，分别在各总部、装甲兵、二炮、北京工人文化宫、京西宾馆、大会堂、北京体育场、北京天坛等地由总政治部政治处色帆大尉带队演出了 20 多场。在京期间，他们分别向济南军区战士演出队学习表演唱《两老汉看比武》，向武汉战士演出队学演话剧《烧煤问题》。演唱组 6 个人分工分别向兄弟单位学演一些优秀节目，组织一台戏，准备离京回部队后进行巡回汇报演出。

1月17日下午，在人民大会堂怀仁厅，毛主席、刘少奇、周恩来、邓小平、陈毅、贺龙等党和国家领导人接见了进京汇报演出的全体人员并合影留念。时隔近半个世纪，有的演出队员还保存着这一珍贵的照片。在北京会演后，回到南京，南京军区政治部副主任到车站迎接我们。演出组在南京住了1个月时间。南京军区政治部首长带领他们分别到司令部机关、连队、工人文化馆、剧院演出，受到了热烈欢迎。南京军区许世友司令员和南京军区第一政委唐亮上将、杜平中将接见了演唱组，许司令要求六连演唱组要去各部队推广演出。从南京回到了省军区，时任总政部主任的肖华，正在杭州疗养，他和钱均司令员、周贯伍政委、周长胜副司令员、政治部主任罗清滔一同接见了演唱组，六连演唱组向驻杭官兵做了专场汇报演出。而后在舟山、大陈一路巡演。回到温州后，时逢“八一”建军节前夕，六连演唱组马不停蹄到海岛下基层演出。这次演出又从女子连选调了10多名女民兵演员参加下基层到军分区各驻地防区巡演，女民兵有林振叶、张千金、郑小云、张阿梅、林爱珠、王钗、王岁仁、陈努、王美兰等。还有郑德强、许文章等六连军民演出队一行20多人，在温州军分区司令员王福堂、副司令员胡铁峰、政治部副主任毕庶林的带领下，到北麂、南麂、岐头、平阳屋顶山、海军水警区等地演出。所到之处，受到部队官兵夹道欢迎。每个节目从开始到结束，大家都报以热烈掌声。女民兵演员展现了飒爽英姿。离开时，官兵列队欢送。各部队给演出队同志加餐，演出队同志开玩笑说：“我们享受团级干部待遇。”到南麂那天晚上，船从温州船艇大队码头开航，冒着10级大风，风大浪急，航船左右摇动，许多队员吐得十分厉害，食物吐光了，吐出胆汁。演员们念毛主席语录，下定决心，不怕牺牲，排除万难，去争取胜利。第二天，他们仍精神饱满地活跃在舞台上。回洞头后。驻岛部队钱塘政委、孔庆文团长要求六连军民演出队在团部所在地小三盘部队大礼堂演出四场，组织了洞头党政机关、各连队和驻地民兵代表观摩。之后，到驻岛部队每个连队巡回演出，洞头处处都留下了军民演出队队员们的足迹。她们先后为温海驻军和当地百姓慰问演出数百场。广大指战员和民兵观摩后受到了极大鼓舞，并进一步丰富和推动了洞头军民文艺生活及文化繁荣。在那火红的年代，这群渔家女组成的英雄集体，高举“军民联防、军民联文”的旗帜，无私奉献，书写了这一段又一段传奇故事，激励着一代又一代的渔家儿女。

苏彩标　提供自述资料